JN074635

僕がラオウになる日まで

ドラフト10位からの逆襲人生

オリックス・バファローズ
杉本裕太郎 著
真柴健 構成

ベースボール・マガジン社

はじめに

「ドラフト10位って、あるんやぁ……」

あのとき、涙は流れませんでした。喜びの実感もあまりなく、ドキドキから解放されて「安心」してしまったのが本音です。聞いたことのなかった〝ドラフト10位〟での指名。頭の中が真っ白で、まだ自分の「本当の夢」を考えたことはありませんでした。オリックスに、ギリギリで指名していただいて、扉を開くことになった「プロの世界」。たくさん練習して、たくさん悔しい思いをして……。それでも僕は、毎日グラウンドに立ち続けています。ファンの皆さんが精一杯叫んでくれるスタジアム、応援歌のリズムに乗る手拍子、いつ、ユニフォームを着ることができなくなってもおかしくなかった僕にとって、すべてが「かけがえのない宝物」です。

オリックス・バファローズの杉本裕太郎です。みんなからは「ラオウ」と呼ばれています。この度、自身初の著書『僕がラオウになる日まで』を手に取ってくださり、本当にありがとうございます。常にがけっぷちで戦ってきた僕の野球人生や、まだまだ掴みたい夢などについて、いつも通り自然体でお話できればと思っています。等身大の僕を、これからも応援してくださるとうれしいです。

1991年4月5日に生まれた僕は、2024年の春で33歳になります。小学1年生で野球に興味を持ち、徳島商業高、青山学院大、JR西日本でプレー。オリックスに2015年秋のドラフトで10位指名されたときは24歳でした。入団後に〝快音〟はなかなか響かず……ルーキーイヤーから4年間は、ほとんどが二軍暮らし。毎年シーズンオフになると、携帯電話の着信音が鳴る度にビクビクしていました。

ただ、ずっとチャンスを求めて準備してきました。野球人生でしんどいなぁ……と思ったことは一度や二度ではありません。ただ、「あきらめたらダメだ」と自分に言い聞かせてきました。胸を張って言えるのは、一度も腐ったことがないことです。

すると、20年8月21日の朝。当時二軍監督だった中嶋聡監督から「一緒に行くぞ！」と声を掛けていただきました。大阪・舞洲での二軍戦に備えていた僕は、お風呂場で急いで服を着て京セラドームに移動しました。「これがラストチャンスかもしれん……」と運転席で何度もそう言い聞かせたのをいまでも覚えています。

21年には「四番打者」に起用していただき、32本塁打を放ってパ・リーグのホームラン王、ベストナインを獲得しました。でも、僕はタイトルよりも25年ぶりのリーグ優勝のほうがうれしかったです。2位チームの勝敗を待つ京セラドームは、コロナ禍で無観客でしたが、応援してくださったファンの皆さんもマウンドに向かって走り出し、1つの大きな輪になって「胴上げ」していた感じがしました。

僕はプロ野球選手の中で遅咲きなのかもしれません。でも、自分では「まだまだ咲いていない」と思っています。いまは〝半開き〟くらいですかね（笑）。もっと試合で打って活躍したいですし、もっともっと結果を出して喜びたい。だから、まだ咲いていません。24年シーズンもチームに貢献してパ・リーグ4連覇がしたいですし、またみんなで日本一のビールかけもしたい。

高校1年生から寮生活だった僕は、仲間と暮らす毎日が「修学旅行」だといつも思っていました。だから正直なところ、僕はプロになったいまでも遠征試合も修学旅行だと思っています（笑）。常にワクワクしていますし、みんなで集まって部屋でゲームをしたり、コンビニにスイーツやアイスクリームを買いに行ったりするだけで、すごく楽しいです。練習や試合で疲れているはずなんですけど、なぜかホッコリするんですよね。コロナ禍が少し明けてからは、チームのみんなでご飯にも行けるようになって、楽しさは倍増してきました。23年のハワイへの優勝旅行も、その延長のようでした。やっぱり野球だけでなく、どこかで息抜きの時間もないと。みんなと笑顔で過ごした時間がまた、明日への大きな活力になりますから。

バッターは打席に立てば、7割近くはアウトになります。打率3割で一流とされている世界ですから。僕も毎日、お立ち台に上がれるような活躍ができる選手になりたいですけど、現実はそう甘くないです。ドジャースに移籍した山本由伸投手くらい「最強」になれれば良いんですけど……僕はそういうタイプではないですから。

というよりも、ほとんどの選手がそうなれないのが現実です。プロ野球選手も、華やかな世界を生きているようで、本当にみんなギリギリのところで戦っています。シビアですが、このことは僕が一番よく知っているのかもしれません。プロの世界に入れるプレーヤーも一握りですし、その後に活躍できるプレーヤーもまた一握りなのです。僕も聞いたことがなかった「ドラフト10位」で指名され、日々奮闘しています。

それこそプロ2年目（17年）のシーズンオフには「クビ」になるものだと思っていましたし、戦力外通告を受ける一歩手前に何年もいたと思っています。耐えているな……と感じるのが本音ですし、同時に、くすぶっていたときも残してくださったオリックス球団には感謝の気持ちしかありません。もちろん、救ってくれた中嶋監督にも恩があります。結果がアカンときでも、いつも応援してくださるファンの皆さんにも深々と頭を下げたいです。

もっともっと打ちたい。まだまだ終わりたくない。あの期間だけだった……と言われるのは自分の不甲斐なさに腹が立つので、絶対に嫌です。もう一度、打撃タイトルを獲れるような成績を残して、チームの勝利に貢献したい。自分がちゃんとすれば、チームはもっと良い結果を残せるはず。そんなふうに毎日を必死に生きていたら、知らない間に選手会長を任せてもらえる立場にもなっていました。

あと、薄々は気がついていたのですが、僕は勝敗を分ける場面で打席に向かうことが多い気がします。ただ、自分でメンタルが強いと思ったことは一度もないです。勝負強いと思ったこともありません。でも、やっぱり……ヒーローインタビューでマイクを持たせてもらえる瞬間は最高です。そのためには「勝つ」しかありません。

あるとき、ふと言われたことがあります。「体格はジャイアンみたいに強くて大きいのに、キャラクターは『のび太くん』みたい」だと。妙に納得してしまい、自覚はあるなと思わず頷きました。

「でも、映画版の『のび太くん』は、いつも最後、バリバリ最強って感じですよね」

そう言われて、ハッとしました。笑いあり、涙ありのプロ野球生活。僕は本当に仲間に恵まれています。みんながいないと、ここまで絶対に来られていません。ドラえもんが出してくれそうな魔法のバットも、もちろん欲しいです。でも、秘密道具に頼らない物語を、見てもらいたいなと思っています。

悔いのない、人生を――。

2024年3月　杉本裕太郎

99

僕がライオウになる日まで

ドラフト10位からの逆襲人生

CONTENTS

構成＝真柴健
協力＝オリックス・バファローズ
編集＝ベースボール・マガジン社
写真＝BBM
オリックス・バファローズ（P219）
校正＝中野聖己
装丁・デザイン＝イエロースパー

第1章

ドラフト10位

ドラフト当日の舞台裏

間違いなく、僕の人生が大きく変わった日でした。

２０１５年10月22日、運命のドラフト会議――。とは言っても、当日の朝、緊張感は全くありませんでした。プロの球団から調査書は届いていると聞いてはいましたが、社会人２年目は思うような結果が残せておらず、ドラフト指名される自信はありませんでした。ただ、調査書が届いていると聞いていたからには、少しだけ期待をして当日を迎えました。ただ、それは本当に淡いもので、いまとなっては恥ずかしい限りです。

徳島で生まれた僕ですが、18歳で東京へ。青学大からＪＲ西日本に進み、拠点は広島に移りました。東京での生活に慣れた４年間だったので、社会人時代の２年間はちょっぴり故郷の徳島を思い出していました。ＪＲ西日本での１年目は、都市対抗と日本選手権に出場できたのですが、どちらも１回戦で負けてしまって……。かなり意気込んで臨んだ舞台でしたが、思うような成績は残せず。プロ球団のスカウトの方たちにもあまりアピールすることができないまま、大会が終わってしまった感じでした。都市対抗1次予選で3試合で2本塁打、2次予選でも打率・478と打っていたのですが、本戦では目立った結果を残せず、とても悔しい気持ちでいっぱいでした。

勝負の社会人2年目は、さらにまさかの展開が待っていました。都市対抗にも日本選手権にも出場できなかったんです。1年目に経験していた舞台だっただけに「良い感じに来ているぞ」と充実感を持って臨んだのですが……あっさりと予選で敗退。どうすることもできませんでした。加えて、補強選手として他のチームから誘われることもありませんでした。補強（選手）にも選ばれなかったので「あぁ、厳しいなぁ」と感じていました。そんな当時の僕にとって、プロ野球はまさに雲の上の世界。そもそも、調査書が届いているのが不思議なくらいの感覚でした。

ドラフト会議当日。16時を過ぎた頃から、なぜかソワソワしてきました。同学年の高野圭佑投手と一緒に、JR西日本の広島支社の一室でドラフトが始まるのを待っていました。開始前には監督も来て、無心でテレビ画面を見つめていました。このとき、どんな感情だったかというと、監督と3人で待っていて、2人とも指名漏れしてしまう展開になったら「場が凍る」のではないか……という不安です。

僕だけでなく、高野もドラフト指名されるかわからない〝ギリギリ〟の選手でした。本当にボーダーラインというか、あとはさまざまな巡り合わせであったり、運次第というか……。調査書をくださっている球団の上位指名で同じポジションの選手が指名されるたびに、自分たちが指名される可能性が低くなると理解していました。いま振り返ってみると、僕よりも高野のほうが試合にあまり出ていなかったので、少し期待薄だったんじゃないかなとも思います（笑）。だけど、僕の本心では「なんでもいいから、2人とも選ばれたら良いな……」と思っていました。

とにかく一番避けたかったのは、どちらかだけ指名されてしまうこと。圧倒的に気まずい雰囲気になってしまうのが怖かったんです。高野だけが指名されると僕が悲しい気持ちになってしまいますし、逆に僕だけが指名されたら高野にどんな言葉を掛けて良いのかわからないな……そんなことをずっと考えていました。当時の評価からすれば、お互い指名されない可能性だって十分にあったのにです（笑）。

考えた現役引退

いざ、ドラフトが始まると、早速「おおお！」と声が出ました。オリックスの1巡目指名で、吉田正尚選手が選ばれたんです。青学大の2学年後輩で、一緒にプレーした経験もあったので、素直に「おめでとう！」という感情でした。三番に正尚、四番に僕が座っていた2年前を懐かしく感じました。ただ、その直後に気がついてしまったんです。正尚を指名したということは、同時に強打の外野手を獲ったということ。だから僕がオリックスに指名される可能性はこれで極めて低くなったんだなと。他球団が明大の髙山俊選手を指名して、クジを引いているときも同じことを思っていました。

そもそも、指名される可能性なんてないだろう……と自分に言い聞かせて臨んでいたんですけど、やっぱり心のどこかで期待もしていました。座って見ていたのですが、何回も立ったり、水を飲んだりして、焦りを隠し切れてなかったと思います（笑）。僕が1位指名なんてあり得ないのに、最初からすごく汗をかいて、ずっと落ち着けませんでした。テレビのドラフト中継って1位指名が終わると地上波での放送は終了してしまうので、そのタイミングでトイレに行って、１人で気持ちを落ち着かせるために深呼吸をしていました。

そこから少し時間を置いて、部屋に戻ってからはテレビ中継をＣＳのドラフト特番に切り替え、再び２位以降の指名を見ることになりました。ただ、そこからが本番。待ち時間が思っていたよりも長い、長い……。ずっと自分の名前を唱えるように待っていたのですが、指名の雰囲気すら感じ取れないまま、６巡目指名まで終わりました。そのタイミングで、僕も高野も呼ばれていませんでした。だから不安や緊張よりも、あきらめの気持ちが芽生えてきてしまいました。「いやぁ……普通に考えて、ここ（７巡目以降）から２人ともの指名は、さすがにないだろうな……」と。２人でアイコンタクトしながら、汗でビショビショになりながら、わずかな可能性を信じて、ドラフトの行方を見守っていました。ちなみにですが、このとき僕の頭の中には「現役引退」の４文字が頭をよぎっていました。この日のドラフトで指名されなかったら野球を辞めようと決心していたんです。

絶望のち歓喜

大卒出の社会人2年目を終えたドラフトでしたからね。同じような選手をプロでほとんど見たことがありませんでした。投手では聞いたことがありましたけど、野手はほぼノーチャンスと聞いていたので。だからオリックスで一緒にプレーしている（小田）裕也さんは、本当にすごい存在ですよ。大学を卒業して、日本生命で3シーズンプレーしてからのプロ入りですから。かなり珍しいタイプだと思います。

僕は大卒からの社会人3年目をプレーすることを考えていませんでした。ドラフトで呼ばれなかったら、潔く引退すると決めていたんです。プレーしたとしても、よっぽどでないと厳しいということは知っていましたから。プロ野球選手になれないのに、社会人で野球を一生懸命プレーしていても……。本当の「自分の夢」ってなんだったかなと。そこまで考えていましたね。

「あぁ、俺の野球人生、ここまでか……」

そんなことを考えていたら、突然、高野が立ち上がって叫びました。千葉ロッテマリーンズから7巡目指名で名前が呼ばれたんです。２人とも半分以上はあきらめムードだったので、僕も思わず「うわぁ！」と絶叫して抱きついていました。会見場はどんちゃん騒ぎのようになって、そのとき僕が思ったことは「エグ！　お前、全然（大会で）投げてないやん！」って感じでした（笑）。もちろん、仲間が指名されて本当にうれしかったです。ただ、先に高野が呼ばれたので「僕の場合はどこを球団の方に見てもらえているのかな……」と不安を感じた瞬間でもありました。でも、高野は球速も出ていましたし、良いボールも多かったので、その部分がプロのスカウトに評価されたのだなと感じました。良い投手だなとチームメートながらずっと思っていたので。だけど、僕の手は震えていました。

「やばい……このパターンは最初に考えていた一番最悪のシチュエーションや……」

みんなが盛り上がっている中、内心は取り残された感覚がありました。仲間を祝福しながら、自分の胸中は複雑そのもの。最も恐れていた「片方だけ呼ばれて、もう片方は取り残される展開」に。気がついたら7巡目の指名が終わっていました。8巡目で選手を指名した球団は、巨人、日本ハム、西武、オリックスの4球団のみ。指名順位が下位になると、どの球団も指名に消極的になり、育成ドラフトに備えることも理解していました。1球団ずつ「選択希望選手終了」と宣言していくのを見るのが本当に辛かった。9巡目指名の段階で残っていた球団は西武とオリックスの2球団だけ。「え？　めっちゃ（指名）行くやん、オリックス」と思っていました。

ここまでのドラフトで指名された選手の一覧を見ると、西武は2巡目で川越誠司（23年途中に中日へ移籍）、4巡目で愛斗（24年にロッテへ移籍）の2人を外野手で指名、オリックスは吉田正尚を1位指名。残す可能性が2球団になった段階で「もう無理やん。自分が呼ばれるわけがない」と下を向いていました。その瞬間、ふと思ったんです。「そもそもドラフトって何位まであるんや⁉」。次に指名があるとするならば、10巡目。周りの人に聞いて必死に確認したんですけど、みんな何位まであるとか知らなくて。「9位とか10位かな？」って感じでした。冷静になって考えると「ドラフト10位って聞いたことないよな……」。状況は絶望的な感じでした。ただ、次の瞬間……グッと握っていた両拳から力が抜けました。

「選択希望選手、オリックス、杉本裕太郎、外野手、ＪＲ西日本」

訳がわからず「ええぇ！」と叫んで、飛び跳ねました。その場の全員で（笑）。うれし過ぎてよく覚えていません。立ち上がって、高野とこの日2回目のハグをして「良かったぁぁぁ！」と大声で抱き合ったことだけは記憶にあります。正直あきらめていたので。椅子に腰を下ろしたときには一気に緊張がほぐれて「野球をまだ辞めんでええんやな……」と思いました。

▲プロへの第一歩を踏み出した日。後列左から2番目の選手が杉本。同期には1位入団の吉田正尚がいた

背番号99

小学1年生から野球の楽しさを知った僕は、そのときで野球歴は18年目。ようやく夢が叶いました。引退を考えていた極限状態で本当に辞める予定でしたから、瀬戸際もいいところです。大卒からの社会人2年目で思うような結果を出せてなかったから、なおさらです。指名漏れで悔しがる選手をこれまでに何人も見てきていましたけど、僕は呼ばれなくて当然の選手。その感覚で待ち時間を過ごしていたので、頭の中では野球を辞める予定でした。だから、駅員さんになっていた可能性もあるんです。それこそ今頃、どこかの駅の改札に立っていたかもしれません。そんな状況からのプロ入りでした。

2015年秋のドラフトで支配下登録選手として指名されたのは88人。僕は全体で後ろから2番目の87番目で名前を呼んでもらえました。実際のところ、ドラフト10位が最終ラインだったので〝最も遅い指名〟でした。それに大卒からの社会人出身のバッターなので、高卒や大卒のプレーヤーに比べたら、即戦力を期待されて指名されています。

すぐに結果を出さないと、クビになると思っていました。あまり聞いたことないですけど、1年で戦力外通告を受ける可能性だってゼロではないなと。2年が終わったタイミングで結果を残せていなかった場合の「構想外」は、全然あり得る話でした。

「もう、やるしかないな!」

せっかく指名していただいたので、力がみなぎるのも無理はありませんでした。幼い頃から思い描いてきた「理想のプロ野球選手」ではないのかもしれませんけど、なんとか自力で夢を掴んだ瞬間でした。

担当スカウトの柳川(浩二)さんには、よく見てくださって感謝の気持ちしかありません。仮契約のとき「杉本は99番が似合いそう。99番で行こうと思う」と、交渉に来てくださった〝誰か〟に言われました。誰に言われたのか……。ここだけの話、まだ当時は顔と名前が一致していなかったので(誰の進言か)覚えてないんですけど、確実に偉い方だったと思います(笑)。僕はアマチュア時代に注目されていた選手ではないので、球団関係者の全員が「はじめまして」の人ばっかりでしたから。

99番はお気に入りの番号でした。「99」を提示された理由は２つあります。ドラフト10位は（オリックスで）最後の指名だったから、支配下選手の中で「一番大きな数字」をと。体も大きいですし、デッカイ背中に似合うと言ってもらいました。大きな活躍ができるように、というのが１つです。２つ目は「育成選手に1番近い数字」だからという理由です。２ケタ番号の中で最も大きな数字の99番は「プロ１年目から『あとがない』と思って頑張ってほしい。（ドラフト順などで）下からはい上がってほしい」というメッセージが込められていました。

新入団のおめでたい場面で、早速そんなことを……と思う方もいるでしょうが、僕は自分の立場を理解していました。ギリギリでドラフト指名してもらえた存在でしたし、大卒出の社会人の下位指名選手。チャンスは多くないと感じていました。プロに入ってからも、やはりドラフト上位の選手は優遇されます。ドラフト１位で入団した正尚はどこの誰が見ても別格でした。同じ「プロ野球選手」ですが、現実は甘くありません。

でも、それは当然のこと。ドラフト10位ですから。みんなに勝っていかないと、自分の出番はないんです。仲の良い正尚も、僕にとっては「ライバル」。生きる残るために、厳しい競争に挑まないといけないポジションでした。新入団選手が集まる記者会見でも、心なしか僕を囲んでくださる報道陣の方も少なかった。そんな「ドラフト10位の杉本裕太郎」が変身するのは、お正月が明けた入寮のときでした。

ラオウ誕生

球団寮の青濤館は、まだ神戸にありました。入寮の際には、支配下登録選手10人と育成選手2人が、お気に入りの私物を持って、自分の部屋に荷物を運んでいきます。記者の方が「どんなものを持ってきましたか?」と聞いてくださったので「手作りの旗を持ってきました」と笑顔で答えました。僕が所属していた部署である「輸送課」と書かれた幟（のぼり）を部屋に飾っていました。ＪＲ西日本時代、都市対抗の予選などで使ってくれていた思い出いっぱいの宝物で「同じ部署のみんなが作ってくれました」と説明しました。

取材の受け答えがシンプル過ぎたのか、僕があまりに真面目に話し過ぎたのか……。あまり〝ウケ〟の良くない雰囲気が漂っていて「もう少し面白いことを言ったほうがよかったかな……」と思っていた瞬間、急に質問が飛んできました。

「これは、何ですか？」

いきなりのクエスチョンに僕はビックリしました。記者の方が指を差していたのは、プロテインを入れるシェイカーでした。『北斗の拳』の「我が生涯に一片の悔いなし」のシールが貼ってあるシェイカーを見て、「これは何なんですか？」と言われて、「仕事中にテプラで作ったんです」と話を広げていったら、記者の方がメモを取るスピードが速くなっていったことを覚えています。

翌日、スポーツ新聞を見ると仰天しました。どのくらいのサイズで載っているんだろうと紙面を開くと「ラオウ」と大きく載っていました。思わず「えっ⁉」って声が出ましたね。その日から僕は「杉本」ではなく「ラオウ」になりました。みんなが面白がってラオウって呼んでくれるようになりました。知らないうちに愛称が定着して、いまではほとんどの人がラオウと呼んでくれます。杉本と呼ぶ人は、チームにいません。本当に全くいない。ほんまにゼロですね（笑）。僕のことをラオウ以外で呼ぶ人のほうが少ないです。

ただ、同学年のメンバーは下の名前で呼んでくれます。巨人に移籍したタイスケ（近藤大亮）、ノブ（山田修義）、コウヘイ（鈴木昂平）コーチ、スタッフのケイジ（岩橋慶侍）たちは「裕太郎」って呼んでくれます。正尚も「裕太郎さん」ですね。あとは、竜さん（辻竜太郎コーチ）が「スギ！」って呼んでいるくらいですね。でも、ブルペンキャッチャーの杉本（尚文）さんもいますし、マネージャーの杉山（直久）さんもいるので、わかりにくくて。やっぱり基本は「ラオウ」ですね。

実際のところ、ラオウはすごく気に入っています。ただ、本気でリスペクトしている分、僕が本当にラオウと呼ばれていて良いのかな……とか、もっとキャラクターに寄せて、オラついていたほうが良いのかな？　という葛藤が最初はありました。僕がなりきっていて、本当に良いんかなと。やっぱりラオウっていうキャラクターが大好きだからこそ、申し訳ない気持ちでいっぱいでした。当時の僕はラオウと呼ばれているのにザコキャラ過ぎたんです（笑）。

「ドラフト10位のラオウ――」

こうして、僕の人生は大きく変わっていきました。みんなが「杉本裕太郎」という本名を忘れるくらいに……。

第2章

生まれ育った故郷・徳島

「温室育ち」の末っ子

僕は1991年4月5日に徳島で生まれました。6歳上と4歳上の姉がいて、3人姉弟の末っ子です。3人目に授かった子どもが〝待望〟の男の子だったので、家族は大喜びだったそうです。

ただ、末っ子ということで完全に「温室育ち」です（笑）。お姉ちゃんの友だちや、ご近所さん、親戚からも「かわいい、かわいい！」と言われて育ってきたので。ずっと周りから良い感じにおだてられた結果、こんなに性格が〝ゆるく〟なってしまった僕ですけど「自分は悪くない」といつも言い聞かせています。チヤホヤされ続けたことがいま、こういう〝訳のわからない人間〟になったことは間違いなく。それを言い訳にして今日まで生きてきていますね。

いまでは、みんなが「ラオウ」と呼んでくれて、親しんでくれます。忘れがちですが、本名は杉本裕太郎です（笑）。裕太郎と両親がつけてくれた由来は「石原裕次郎さんが好き」だったからと、チラッと聞いたことがあります。一応、長男だったので裕次郎ではなかったみたいですが、好きな人を名乗るという考え方では、ラオウの由来と変わらない気が、いまではしますね。

野球に興味を持ったのは、見能林小学校1年生の終わり頃でした。きっかけは4歳上のお姉ちゃんの友だち（僕にとって先輩）の存在です。普段から優しく僕と遊んでくれていた仲の良い先輩が、野球部に入っていたんです。その人が一生懸命に練習する姿を見て「めっちゃ楽しそうやん！」となって、それですぐに入部しました。

ちなみに、お父さんは同じ小学校でサッカー部の監督をしていました。幼少期は近所の公園によく連れて行ってもらって、サッカーボールを思い切り蹴っていました。お父さんは、僕が「サッカーをするだろう」と思っていたかもしれないですけど、野球部に入ると言ったとき、全く反対されることはありませんでした。「やりたいことをやろう」のスタイルだったので、止められることもなかったです。もしかしたら、実際はサッカーをしてほしかったかもしれないですけどね。でも、おじいちゃんはすぐに金属バットを買ってくれましたし、家族で経験者はいませんでしたが、野球をやることに抵抗はなかったです。

これは余談ですけど、僕にとってサッカーは、体をぶつけるプレーが多くて、怖いイメージがあったので、少し敬遠していました。当時から体格は良いほうでしたが、スライディングをしたり、試合中もたくさん走ったりして、しんどくて痛そうな印象だったんです（笑）。ちなみに、お母さんは見能林小学校の女子バレーボール部でコーチをしていました。４歳上のお姉ちゃんは、お母さんがコーチをしていたバレーボール部に入っていました。

忘れられない人生初打席

初めて背番号をもらったのは、小学２年生になったときだったと思います。人生で初めて着けた背番号は「51」でした。あの頃、僕たちのレジェンドはイチローさんと松井秀喜さんで、お２人の打ち方や仕草を真似するのが流行ったんです。僕は右打ちのままでしたけど、左バッターに転向する選手もめちゃくちゃ増えましたよね。あこがれたことはないですけど「左打ちのほうが絶対に有利やん」と思ったことはありましたね。一塁にも一歩近いですから。ただ、チームにいた選手で左打ちに挑戦する選手はいなかったです。

51番は、自分で「欲しい」と言ってもらった番号です。希望はしたんですけど、本当にもらえたときは良い番号なのでうれしかったです。あと……1ケタ番号は上級生が着けているから、選ぶのが無理だったんです（笑）。当時から、そのあたりの遠慮はしていたみたいですね。

試合に初めて出たのは小学2年生の春でした。背番号をもらって、ワクワクしてグラウンドに入っていきました。でも、僕には「致命的」なことがあったんです。メッチャ楽しそう！　という理由だけで野球部に入ってしまったので、ルールを全く知らなかったんです（笑）。第1打席のことは、一生覚えていると思います。右打ちの僕ですが、ベンチから打席に歩いていく瞬間、どっちの打席に立てば良いのかすらわからなくなりました。バットを持つ手も上下が反対で、しかも左打席に入っていました。監督やコーチから「裕太郎、そっちとちゃうぞ！」と何回も大きな声で言われていたそうなんですけど、緊張のあまり〝パニック〟になっていたので、周囲の声は全然聞こえなくて。何もわからずに空振り三振して、急いでベンチに帰りました。みんなから真顔で「裕太郎、そっちとちゃうぞ……」と呆れられる感じでした。ただ、2打席目は右打席に入りましたよ、ちゃんと（笑）。

初ホームランのことは覚えていません。実は試合をするよりも練習が大好きだったんです。いまでは信じられないんですけど、練習が楽し過ぎました。上級生がAチームで、そのほかのメンバーがBチームとCチームに分かれて、練習していました。全チームが同じグラウンドで一斉に練習をするんですけど、A面とB面のように場所が分かれていて、Aチームは監督、Bチームとコーチが教えてくれるというシステムでした。

勝負に徹するAチームは練習が少し厳しくて、BチームとCチームは基本的に楽しい練習をコーチが考えてくれていました。入部した最初はCチームからスタートして、野球の楽しさを覚えていく感じでしたね。

走るのも、ただのランニングじゃなくてリレー形式でした。チーム別で競争したり、学校の周りをめっちゃ走ったりして、勝ったチームにはお菓子を配っていましたね。楽しかった思い出しかないですし、全然Aチームに〝昇格〟したくなかったです(笑)。ベースランニングも4カ所に分かれて、ボールをバトン替わりにして走るリレーで、最後はマウンドに一番早くボールを落としたチームの勝ち。内野ノックでは、ホームベース付近に黄色のビールケース2つを合体させた手作りの的に向かって送球するゲーム形式で、その的に当てた人から順番に抜けていく流れで、盛り上がっていました。

先生からの金言

そんな楽しい練習が印象に残るくらい、指導者の方々の工夫を感じました。毎日、練習に行くのが楽しくて仕方なかったです。自然と友だちとも仲良くなれるので、学校でも野球部の友だちと遊ぶことが多かったです。そこで仲間を大切にする意識も持てました。ただ、こんなにおっとりしているように見える僕でも、小学2年生までは少し気性が荒く、ちょっとでも気に食わない友だちがいたら、すぐに態度に出してしまうようなタイプでした。

でも、小学2年生のときにある「金言」を頂きました。担任の先生に叱られたときに「自分がされて嫌なことは人にしてはいけません」と言われたんです。それでハッとしました。確かに……と。そこから真面目になりました。相手のことを優先し、考えて行動できるようになったと思います。

4年生になると、委員会活動に参加するようになるんですけど、僕は飼育委員会に入ってウサギを育てていました。グラウンドのすぐ近くにウサギ小屋があって、飼育委員会のみんなでニンジンをあげたり、小屋の掃除をしたりするのが楽しかったです。この頃から仲間全員で何かを成し遂げることが好きになっていった気がします。小屋はちょっと臭かったですけど、ウサギは可愛いなと思っていましたね（笑）。

授業中も積極的に挙手する活発なタイプの子どもでした。小学生の頃は全部の問題で、手を挙げていましたね。当時はまだ勉強も全然ついていけていたので（笑）。休み時間になると絶対にグラウンドに出て、ドッジボールや木蹴りをしていました。木蹴りは聞いたことがない方もいるかもしれませんが、缶蹴りのルールで缶を木にしたものです。あとは〝ケイドロ〟もしていましたね。6年生になった頃は遊びのレパートリーがなくなってきて、一輪車でもよく遊んでいました。結構、スムーズに乗れるようになりましたよ。一輪車はいまでも乗れます。

体格は当時から大きかった。小学1年生で136センチ、6年生で168センチありましたから。ガッチリとしていたほうですけど、同学年に同じくらいの体格の子が2人ほどいて、ぶっちぎりとまではいかなかったです。ただ、当時から1キロくらいあるマスコットバットを振っていました。すごく重かったのでうまく振れず、短く持っていましたが、同世代の子たちに比べたら力は強かったと思います。

「たかゆー」との出会い

小学1年生の終わり頃に野球を始めたとき、最初に守ったのはレフト。4年生からピッチャーとショートをやるようになりました。6年生になった頃は完全にピッチャーで、投げないときにショートを守る感じでしたね。6年生のときは、チームに〝もう1人〟ピッチャーがいて、それが2023年9月17日の楽天戦（京セラドーム）のヒーローインタビューで〝初登場〟した「高島くん」です。オリックスファンの皆さん、ここで伏線の回収ができたでしょ(笑)？

僕はあの日、お立ち台で「徳島時代からの親友である『高島くん』が応援に来てくれているので、ヒーローになれて良かったです！」と大きな声で叫びました。〝たかゆー〟の本名は「高島佑」で、小学2年生で出会った親友です。小学、中学、高校時代に同じユニフォームを着た仲間で、僕が彼の結婚式のスピーチをするぐらい仲が良いです。

小学校高学年の頃は、僕と高島くんでピッチャーとショートを交代でやっていました。親友と2人でチームを引っ張っていく感じで、実際に2本柱と言われていましたから。高島くんは、2年生のときに野球部に入部してきたので、僕のほうが少しだけ先輩。当時はクラスも一緒でした。なんか、小さい子がおるな……と思っていたら、それが高島くんでした。まだ僕も尖っていた頃なので「チビ」だと思っていましたね（笑）。そこからは「すぎゅー」と「たかゅー」って呼ばれていました。あと、もう1人「いつき」とも仲が良かったです。3人とも小、中、高が一緒でした。

野球部の練習が終わると、よくバッティングセンターに通っていたんですけど、僕が行けば必ずどっちかがいましたね。地元のバッティングセンターで、めっちゃ練習していた。3人とも仲間で、ライバルって感じでした。仲が良いので口にはしなかったですけどね。

普段はだいたい夕方4時に練習が始まって、7時くらいまで練習していました。そこから親に車で15分くらいの「阿南バッティングセンター」に連れて行ってもらっていましたね。自主練習も好きでしたし、バッティングセンターも大好きでした。

小学生の頃は、投打のどちらも自信がありました。正直、どっちも無双できていたんです（笑）。少年野球なので、ストレートとスローボールしかなかったんですけど、マウンドから投げてもほとんど打たれなかったですし、打ってもめっちゃ飛ぶので楽しかったです。打ち過ぎて「塁に出るのがめんどくさい」と思ったこともありました。少年野球の大会は基本、二塁打賞、三塁打賞、ホームラン賞などで学習ノートを貰えたんですけど、家に何十冊もたまってました。もちろん勉強もほぼしないので消費することはありませんでした。

「たかゆー」とは阿南中学校に入学しても同じチームだったので、絆は深まるばかりでした。あの頃から、たかゆーといつきの家に、結構な頻度で遊びに行っていました。一緒に遊ぶのが楽しくて、そのまま泊まったりもして。当時、3人でハマっていたのは『遊戯王』や『デュエル・マスターズ』、任天堂のゲームキューブとかですね。

徳島商高を選んだ理由

中学3年生になって進路を考えていたとき、初めて意見が割れました。当初、僕とたかゆーは小松島高校に行こうとしていたんです。僕らの住んでいた阿南から結構近くて、野球部も地元でそこそこ強かったので。いつきを含めて「3人で同じ高校に行こう!」と約束していたんです。

そうしたら急に、いつきが「徳島商業に行く」と。ある日、突然たかゆーが「いつきは徳島商業に行くらしい!」と言ってきて「なんで? 約束してたやん!」となりました。いきなりだったので、いつきに理由を聞いたら「違うチームに行って2人を倒したかった」という、訳のわからない理由だったんです（笑）。それで僕とたかゆーも「じゃあ、トクショーに行こっか!」となりました。

結局、特に理由もなく3人で徳島商業高校に進学することになりました。正直、どこの高校が良いとか、こだわりもなくて。中学生のときはほとんど野球の練習かゲームしかしてなくて、勉強も全くしていなかった。どの高校が頭が良いとか、どこが野球が強いとか……そんな情報も全く知りませんでした。ただ、鳴門工業高校だけは練習がきついと聞いていたので、少し敬遠していましたけど（笑）。

僕は３人で同じ高校に行けるのであれば、どこでも良かったんです。いつきが徳島商高に行くって言ったから決まったという感じです。徳島商高の野球部に入った同級生は学年で25人くらいでした。そのうち僕たち３人のような南部から来た６人だけが下宿していました。そのほかのメンバーは自宅からの通いでした。下宿先は寮というよりはアパートみたいな感じで、入学当初は３年生の先輩が５人くらい住んでいました。偶然、2年生は誰も住んでいませんでした。そこに僕ら６人が加わったんです。あとは一般生徒も住んでいました。

3年生が引退し、2年生がいないから自動的に自分たちが最上級生になって最高でしたね。これまで3年生が住んでいた広い部屋に引っ越して、夜はみんなで『桃鉄（桃太郎電鉄）』をしていました（笑）。ほかには『パワプロ（実況パワフルプロ野球）』も鉄板でした。あの頃は友だちとずっとゲームをしていましたね。

ちなみに、いつきのせいで進学先が徳島商高になって良かったこともあります。15歳の頃、家を飛び出して下宿生活がしたかったんです。自分の家はOKと言われていましたけど、親はしっかりと面倒を見るタイプだったので、当時の僕からしたら口うるさく、どこかに遊びに行ったら「早く帰ってきなさい！」って感じで。友だちの家に泊まることを伝えると「あかん！」ってなるんですよね。それでも無視して泊まりに行っていましたけどね。ちょっとした反抗期だったので（笑）。

そこで気がつきました。徳島商高に行けば、結局みんなで住むので親の目も届かない。下宿を選択したメインの理由は、それが一番だったかもしれません。僕とたかゆーがピッチャーで、いつきがキャッチャー。ずっと3人でバッテリーを組んでいました。

10年間の寮生活

僕たちが住んだ下宿先は、学校から歩いて5分くらいのところでした。朝ご飯は食べない選択をするか、コンビニで買って食べていました。昼ご飯は学校の食堂です。研修会館のことを略して「ケンカン」って言っていたんですけど、そこで昼休みに安い定食を食べていました。３００円くらい……だったかな。

夜ご飯は近くのお弁当屋さんが配達してくれるお弁当を毎日頼んでいました。でも、お弁当だけでは足りないので、炊飯器でご飯を炊いて、おかわりしていました。そんな感じで、栄養面を全く考えることのない生活。近くに「主婦の店」っていうスーパーがあって、そこでソーセージとか、もやしとかを買って、炒めて、醤油とマヨネーズをかけて食べたりしていましたね。24時間営業だったので〝シュフミセ〟は助かりました。でも、栄養のことをいま考えたら本当にやばいと思います。ゾッとします（笑）。

僕は高校3年間、大学4年間、社会人2年間、そして、プロの1年間を合わせて10年間、寮で生活しました。２０２４年で33歳になるので、人生の約３分の１は寮生活ですね（笑）。でも、僕は寮暮らしがめっちゃ好きです。毎日が修学旅行をしている感じの気分になれるんです。自宅から通う選手は家に帰ったら家族がいます。でも、僕らは練習が終わっても友だちと一緒なので、ずっと修学旅行と思い込んでいました。大学の４年間も、社会人の社宅も、全く苦になったことがないんです。

洗濯することも好きです。柔軟剤も、自分で良い感じの香りを選んで、部屋で服を乾かして、良い匂いになったらテンションが上がっていました。友だちと「どっちが良い匂いがするか」を勝負していましたね。高校時代はスライディングをしてドロドロになったユニフォームを手で擦って洗うのは面倒でしたが、みんなでお風呂場に集まって、石鹸とブラシで擦って、ワイワイしながら洗濯したのも楽しかった思い出の１つです。

生き抜いた競争社会

思い返すと、毎日〝競争社会〟を生きていました。僕たちは練習終わりの帰り道が戦いでした。洗濯機の争奪戦が始まるんです。４つしか洗濯機がなくて、僕らは６人いるからです（笑）。戦いに負けた２人は、１巡目で回せなくなるんです。じゃんけんで「４人の勝者」を決めていましたね。

本当に笑ってしまう思い出や出来事ばかりでした。基本的に６人は一緒のタイミングで帰るんですが、途中から急に走り出すんです。徒歩で５分ほどの距離なので、そんなに遠くはないんですけど、なぜか急に走り出す（笑）。理由は「４枠」の争奪戦。「もう……ええって！」と言いながら、追いかけていました。「今日は走るんやめよ！」とルールを作っても、到着の手前で急に走り出すメンバーもいました。練習が終わったタイミングで風のように走り去っていく友だちもいました。「どこで抜け出すか」が重要なポイントです。

でも、そんな洗濯機の争奪戦は面白かったですね。１巡目を獲得したら、洗濯機を回している間に夜ご飯を食べてお風呂に。ポカポカになって上がったら、そのまま洗濯を干して寝られるのでスムーズでした。でも、２巡目になれば待たないといけない。すごく時間がかかるんです。洗濯機の争奪戦は本当に懐かしい思い出ですね。こうしていまでも覚えているくらいですから(笑)。

頭脳戦で挑むメンバーもいました。朝、あらかじめ出発前に洗濯機の中に靴下やパンツを入れておいて、順番を確保しているパターンもありましたね。あれはガチでやられました。「それはなし!」となって取り消しになりましたけど、ルールは自分たちで決めていくスタイルだったので、なんでもありでした。学校から下宿先に到着する瞬間、最後の最後に玄関で服の引っ張り合いもしていました。それくらい本気で競い過ぎました。毎日、同じメンバーと戦っているんですもんね。状況がよくわからないですよね(笑)。

あきらめた投手の道

1年生の夏に甲子園の土を踏むことができました。背番号16で控え投手だったので、先輩たちの奮闘があっての聖地でした。1年生で1人だけベンチに入れてもらえての甲子園だったので、緊張したことを覚えています。

試合前のシートノックで、ファーストを守る先輩の「補欠」で一塁に入ったんですけど、思い切りトンネルをしてしまいました。言い訳をさせてもらうと、前の試合が終わった直後にシートノックが始まったんです。阪神園芸さんの〝神整備〟が入れないくらいスピーディーに始まったので、グラウンドがボコボコだったんです。初めての聖地で、それも良い思い出ですね。試合に出ることはなかったので「また来たいな」と胸に誓って、銀傘を眺めていました。

ピッチャーとしての限界を感じ始めていたのは、高校3年生の春でした。四国大会の1回戦で高知の強豪・明徳義塾高と対戦したんです。そのとき、まだ僕はピッチャーだったので先発させてもらいました。

ただ、試合開始から暗雲が立ち込めてきました。先頭打者にデッドボールを当ててしまって、そこから立ち直ることができず……。一生、打たれ続けていました（笑）。でも、ビビっていたわけではないんです。相手が強いことを知っていたので、初回からバンバン飛ばしていこうと思って臨んでいました。そう思っていたのに、デッドボールを与えてから投げる球を全部打たれて、1アウトも奪えませんでした。打ちまくられて、即降板。記録は「0回⅔を6失点」でした。なかったことにしたいくらい、目を背けてしまいました。結局、その試合は完全に僕の責任で1対11のコールド負けをしたんです。

唯一、得点できた「1点」は、僕のバットから生まれました。試合中盤に、なぜかバックスクリーンに飛び込むホームランを打てたんです。マウンドでは打たれ続けてしまった僕ですが、打席にはまっさらな気持ちで臨めていました。あのとき、自分の気持ちとしては、初めてバックスクリーンにホームランを飛ばせたということで渾身のガッツポーズをして、めちゃくちゃ喜んでいました。大差で負けているというのに。ほぼ完全に負けが決まっている展開で、初回に大炎上している選手が〝ただのソロホームラン〟を打っただけ。ボコボコに打たれている僕が、キレキレのガッツポーズを決めてしまったので、監督やチームメートから試合後にめちゃくちゃ怒られました（笑）。

いまとなっては、みんなの気持ちが理解できるんですけど、あの瞬間は初めてバックスクリーンに放り込むことができて、直前に自分が打たれまくっていたことを忘れていました。バックスクリーンへの着弾を見届けると、一塁を回ったタイミングで、誰にも止められないくらいのテンションで喜んでいましたね。明徳義塾高の選手からしたら「なんで？」となるくらい、１人ではしゃいでいました。

そのときから、投手として活躍することは難しいんじゃないかなと思っていました。薄々と「ここが限界なんじゃないかな……」と。背が高い割には、そんなにボールも速くなかったですし、コントロールもイマイチ。高校３年生になって、最後の夏の予選も僕が打たれたせいで負けて、甲子園出場を逃してしまいました。「もう、ピッチャーは無理やなぁ……」と思いながら進学先を決めましたね。自信が全くなかったんです、そのときには。青山学院大には、ピッチャーで入部したんですけど、すぐに「野手になりたいです」と言いました。

僕が投手のままだったら、あの「昇天ポーズ」も生まれていなかったかもしれませんね。

第3章

大学・社会人時代

究極の2択

進路を選ぶとき、迷ったことはありません。自分の中で、ある程度の方向性は決まっていました。高校3年生のとき、野球部の監督から「杉本！」と呼び出された日がありました。「急にどうしたんやろう……」と思いながら、返事をして小走りで駆けつけると「もしも……だぞ？」とこう、言われました。

「もし、青山学院に行けるとしたら、行きたいか？」

考えてもなかった質問だったんですけど「アオガクに行きたいです！」と〝即答〟しました。監督は「おお、そうか！」という反応でした。僕が返事に時間を要さなかったのには、理由があります。

徳島商高で1学年上だったキャプテンは青学大に行っていました。だから、ある程度はザックリとした学校の雰囲気は聞いていたんです。それと青学大の野球は、どちらかと言うと「自分で考えて練習するスタイル」だと。その情報もあったので、すぐに青学大に行きたいと思いました。

高校時代の〝猛練習〟がしんどくて「練習が大嫌い」になっていたんです。みんなと一緒で（笑）。だから、即答です。考える時間はいらなかったですね。

練習が楽しいなと感じていた小学生の頃は、打っても投げても自信しかなかったんですけれど、それは「小学生レベルの話」でした。18歳になった僕には「投手としての自信」が全然なくなってしまっていたのです。高校2年生までは、投手として2番手か3番手で、主にライトを守っていました。3年生になって背番号「1」をもらって、投手かライト。打順は三番か四番を打つことが多かったです。

青学大の野球部に入部したときには〝究極の2択〟がありました。突然、大学の監督に呼び出されたんです。

「ピッチャーとバッター、どっちで行きたいの？」

そのときも即答でした。「バッターで行きたいです！」。迷いは１ミリもありませんでした。同級生に東條大樹（ロッテ）がいたり、名門校のエースが集まっていたりで、すでに同級生の存在に圧倒されていたので、投手として活躍する自分が思い描けていませんでした。

僕は高校時代、球速のＭＡＸが１４０キロでした。全然、速い球が投げられなかった。青学大の野球部に入部したとき、周囲のメンバーの出身校を見て「なにこれ？」と感じたのが、率直な気持ちです。喋っている会話が「徳島にはないレベル」の内容でした。もう、自分に自信がなくなってしまっていて「こんなん勝てるわけがないやん……」と。名門校出身の選手が多過ぎて「どうやったら試合に出られるん？」というのが、最初の感想でしたね。甲子園常連校や、聞いたことのある高校ばかりでした。

だから、入学した頃には「投手としての自分」はもういませんでした。どう考えても、マウンドに立てるはずがなかったんです。そのタイミングから、僕は外野手で勝負していくことを決めました。

▲青山学院大学時代

小論文合宿

入学前に参加した小論文の合宿で、世界の広さも知りました。四国を飛び出して、数日間、東京に行ったんですけど、周りの同級生のオーラがすごかったです。もちろん、オラオラ感もありましたし、野球のうまそうな人ばっかりでした。「どうしようかな……」と感じた印象が強いですね。

仲良くなって話すようになったピッチャーのメンバーから「球速はマックス何キロ」とか「甲子園で投げた」とかを聞いて、会話のレベルの高さに全然ついていけませんでしたね。「うんうん」と頷いていることが多かったです。僕が話せることなんて、特になかったですから……。

受験の内容は、小論文と面接でした。それに加えて自分が載っている「新聞の切り抜き資料」の提出が求められました。ハサミでチョキチョキと記事を切って、せっせとノートに貼り付けたのが懐かしいです。

ただ、僕には「投手として何イニング投げた」という記事しかなくて、バッターとしての情報が全くありませんでした。良い意味で〝未知数〟でしたね（笑）。投手としての記事ばかり提出して、入部した瞬間に「バッターが良い」と言ったんですから、監督さんも〝予想外〟だったと思います。

小論文の対策を教わる合宿は珍しいと聞きます。青学大野球部の女子マネージャーが、高校3年生のスポーツ推薦組を集めて、優しく教えてくれるんです。そのときは元フジテレビアナウンサーの〝ミタパンさん（三田友梨佳さん）〟もいました。

選手1人につき、マネージャー1人が専属で結構きっちり教えてくれました。僕の担当はミタパンさんではなかったんですけどね（笑）。出来（成績）が悪い人ほど、上級生の頭の良いマネージャーさんが担当してくださっていたみたいなんですけど、後から振り返れば、僕は上級生の頭のいい人に教えてもらいました。ということは……イコールで〝そういうこと〟なんやなと（笑）。

ミタパンさんは「面接の練習」をしてくれたのを覚えています。僕のファーストインプレッションがあまりに強烈だったみたいです。最初に背筋をピンと伸ばしながら「徳島商業高等学校から参りました、杉本裕太郎です！」と声を張りました。その瞬間、大爆笑が起きたんです。普通に話したつもりだったんですけど、喋り方がおかしいと笑われて……。

僕は喋り方が〝訛ってる〟ことに気がつかなかったんです。「そんなん、いきなり標準語は無理やん……」と思いながら、試行錯誤を繰り返す面接の練習でした。いまとなっては「つかみはＯＫ」と言い聞かせています。

基礎知識のなかった僕は、予想以上にやばい受験生でした。ミタパンさんが「当野球部が所属しているのは何リーグでしょう？」と、１つ目の質問をしてくださったので、僕は少し考えてから「首都大学野球リーグです！」と答えました。もちろん正解は「東都大学野球リーグ」です。何も知らない中、徳島から出てきたのが〝バレバレ〟で、また爆笑されてしまいました。「こいつ、マジで何も知らんやん……」と思われていたと思います。

東京に慣れていなかったので、やっぱり日本の首都ってすごいな〜と。だから「首都」は何となく頭に出てきたんです。でも「東都って何？」って感じでした。ミタパンさんとの思い出は、その1つだけですけど、いまもよく覚えていますね。とにかく無事に入学、入部できてよかったです。

驚きのメンバー表

入学してすぐのオープン戦は、試合に出たり出なかったりでした。試合に出始めたのは1年春のリーグ戦からですね。僕が高校3年生の秋に、青学大が東都大学リーグの2部に降格していて……。だから、入部したタイミングでは2部リーグに所属していました。そのときは結構試合に出させてもらっていました。

２部リーグを「10勝１敗の勝ち点５」で優勝。入れ替え戦を立正大と戦って、勝つことができ、１年生の秋に１部リーグに再昇格したんですけど、そのときも試合で使ってもらいました。

１年生の頃からメンバーに入って、試合に出場させてもらっていましたけど「自信を深めるタイミング」は全くなかったですね。ピッチャーのレベルが高過ぎて「これで２部なのか……」という感じでした。バットも金属から木製に変わったタイミングだったので、バキバキに折りまくっていました。常に「マジでこれはやばいな……」と思って、バットを握っていました。

振り返ってみても、東都リーグの投手陣が良過ぎて、打撃の感触を掴んだ瞬間はなかったですね。レベルが高過ぎました。それこそドラフト１位候補の投手がいっぱいでしたから。オープン戦で別の地区のチームと戦うときは、ある程度は打てていたんです。でも、リーグ戦や社会人チームと練習試合をすると、あんまり打てませんでした。バットは4年間、最後までずっと折り散らかしていました。正直、最後まで自信を持てなかったです。

メンバー表を交換したときに、マネージャーが書いてくれるスコアブックを見て、いつもビビっていました。入学当初に感じていたことでもありますけど、スタメン選手の出身高校がすごい過ぎでした。大阪桐蔭、PL、横浜……とか、甲子園の常連ばっかり。その中に1つだけ「徳島商業」が紛れ込んでいる感じで、いつも友だちにいじられていましたね。「〝トクショー〟ってどこやねん」と(笑)。

シアトルでの生観戦

大学2年生のオフに〝転機〟がやってきました。徳島に帰省することになったんですけど、父が急に「アメリカに勉強しに行ってこい!」と言い出したんです。

東京での生活に少しだけ慣れ始めた僕でしたが、パスポートはまだ持っていませんでした。2週間ほどのオフだったので「ちょっと勉強がてら、本場の雰囲気を味わうために行ってきたら?」と父親が背中を押してくれました。思い切ってパスポートも取りに行ったんですけど、初めての海外に1人では怖くて行けないので……6歳上の姉を誘いました(笑)。

お姉ちゃんはイチローさんのファンだったので「行きたい!」という感じで、すぐに2人でシアトルへ飛び立ちました。4泊ほどだったので、ほぼほぼ野球を観に行った感じです。3試合連続でセーフコ・フィールドにマリナーズ対レンジャーズ戦を観に行きました。

あのとき、イチローさん、川﨑(宗則)さん、岩隈(久志)さんがマリナーズでプレーされていて、ダルビッシュ(有)さんがレンジャーズの先発投手だったので、すごく楽しかったです。そこにハミルトンがいたり、ヘルナンデスがいたり……。球場の雰囲気がめちゃくちゃ良いなと感じて、ウキウキ気分で日本に帰ってきました。とても良い経験になった時間でした。

縁深き出会い

大学3年生になると〝縁深き出会い〟がありました。僕たちのヒーロー吉田正尚です。スーパーバッターは一目見たときから「別格」でした。当時、新入生で練習参加に来た正尚は、グラウンドのバックネット裏近くでティー打撃をしていました。僕たちは外野ノックを受けている最中だったんですけど「あいつのスイング、やばくない？」と遠くから見ていました。スイング音が聞こえてくるくらい1人だけ〝えげつない振り〟をしていたんです。

まだ、彼がどこの誰なのか知らなかった僕たちは「誰……あいつ？ 体は小さいけど、スイング、エグくない？」と外野ノックを受けながら話題にしていました。話題というよりも「ざわついていた」という表現が正解かもしれません。練習を終えて、引き上げている途中に「敦賀気比高の吉田正尚」だということが判明しました。

外野ノックを受けていて、ティー打撃はネクストバッターズサークルくらいのところです。相当遠くから見ていたんですけど、ちょっとレベルが違いました。「やばいな」という雰囲気があった。スイングがめちゃくちゃ速かったんです。当然のように入部した直後から試合に出るし、打撃が良いからみんなで勉強のために見ていました。試合に出ても、だいたいは打つから怖かったです。ホームランをバンバン打つ感じではなくて、ライナーで外野の間を抜く打球が目立ちましたね。だから、二塁打が多かった。常に芯で捉えるバッターでした。

大学3年の春から「三番・吉田正尚」で「四番・杉本裕太郎」でしたね。アベックホームランも何回か打ったみたいなんですけど、あまり記憶にありません（笑）。まさか、数年後にオリックスでも同僚になるとは思ってもいませんでした。

昔からですけど、正尚は本当に頼もしいです。長打力もあって、コンタクト率も高いので、たくさんヒットを打てるバッター。それに、相手投手も打たれることを恐れてボール球を投げる確率が上がるので、四球も取れるから出塁率も高い。日本一のバッターだと思っています。身近にいて、ずっと味方で良かったです。打席は右左で違いますけど、バッティングのことはいつも聞いていました。ポジションは同じ外野手なので「ライバル」と捉えられるかもしれないですけど、僕は正尚の打撃には絶対に勝てない。味方であれば、仲良くしてくれて、打撃のこともいろいろと教わりやすいので（笑）。

スーパーバッターから褒められたときは、やっぱり死ぬほどうれしかったですね。「いまの打席、綺麗にバットが出ていましたね」とか、「フルカウントからのフォーク、よく見逃しましたね」とかです。超一流の打者からコメントをもらえることは、恵まれていました。2歳下ですけど、打撃は「超格上」なので。周りに人がいるときは敬語で、2人で話すときはタメ口ですよ。クールに見えますけど、距離は結構近いです。ネクストバッターズサークルで入れ替わるときは「そろそろ打っとかないと、やばいっすよ」とハッパをかけてくれるときもありましたね。

試合中のベンチでも、よく頼っていました。「このピッチャーどうやって打つん?」とか「どういうボールを待つの?」とかを〝積極的〟に聞いていました。正尚が言ったことは、ほとんどの確率で当たっているので。あとは、僕のバッティングがダメだったときに「どうなっている?」と聞きましたね。「ここがダメ」ってストレートに言ってくれるのがうれしいです。言われた瞬間に「ああ、なるほど……」と思わせてくれるので。正尚は放っておいても打ちますし、いつも僕次第でした。2人で打ちまくって、たくさん得点できたのは本当に良い思い出ですね。

心に刺さった言葉

大学4年生の全日程が終了して、野球部を卒部するときにもらった「卒業アルバム」も良い思い出です。マネージャーが一生懸命、作ってくれたアルバムがあるんですけど、そこに書かれている全部の言葉が心に刺さりました。その中でも、正尚は「2年後、同じドラフトでね」と書いてくれていました。本当に実現するとも思っていませんでしたし、目頭がグッと熱くなりましたね。大切な1ページです。あの言葉があったからこそ、JR西日本でも2年間必死に頑張れたんだと思います。

青学大での4年間も、プロの世界を目指して奮闘していたんですけど、全然及びませんでした。東都リーグでは4年間で通算83試合に出場して、打率・262、9本塁打、32打点。プロのスカウトからの声は届きませんでした。監督さんには届いていたのかもしれないですけど、自分には全く情報が入ってこなかったです。

でも……2年生の秋が終わった頃に「プロ野球の世界に行きたい」と初めて思いました。2年生の秋、思っていたよりも打つことができたので、初めてベストナインを獲得できました。10月6日の日大戦ではサイクル安打も達成できました。リーグ史上19年ぶり6人目だったそうです。

ただ、3年生の頃は全然打てなくて。4年生の春も打てず……秋になってようやく結果が出始め、またベストナインを獲得できたんですけど、そのときにはすでにドラフトが終わっていました。その頃、駒澤大の今永昇太投手（現カブス）から2打席連続でホームランを打つことができました。この試合では2発打てたんですけど、ほかの試合では全く打ててないですね（笑）。それぐらいの印象がいまも残るほど、大学時代は抑えられていました。

社会人時代の業務

社会人野球のチームを選ぶとき、いろんなチームからオファーを頂いていたみたいですけど「ここが良いと思う」と監督さんがＪＲ西日本に決めてくれたんです。社会人野球の世界に行って「絶対にプロを目指せ」とメッセージをもらいましたね。ＪＲ西日本は、僕の1学年上の世代から〝復活〟したチームでした。だから若い選手が多かったですね。先輩たちからは「バリバリの選手が来た！」とイジられていました（笑）。

社会人なので日頃は「業務」を任されます。僕の勝手な想像では、社会人野球のチームに所属している選手は「仕事をしない」というイメージでした。野球だけを一生懸命に頑張る感じだと思っていたんですけど、それはチームによってバラバラでした。ＪＲ西日本に入社して初めて働くことになったんですけど、本当に何も理解できていませんでした。

僕の入部したチームは、シーズン中は朝9時からお昼の12時までが仕事の時間。そこから一旦は帰って、ご飯を食べて、バスに乗って球場に行って練習が始まるというサイクルでした。シンプルに大変でしたね。休日は日曜日だったんですけど、練習試合や公式戦が日曜日だった場合は「休み返上」ということになります。自主練習をすることもあったので、休むことはなかったですね。結構ハードな生活でした。ただ、サボることなく、仕事は仕事でちゃんとやっていましたよ。

大会が終わった直後の冬場は、朝9時から夕方5時45分までの勤務でした。朝起きて会社に行くタイミングで、すでに疲れていました（笑）。そこから会社に到着して、そのままずっと会社にいる感じでした。いままで野球ばっかりしてきた人生だったので、マジで〝地獄〟でした。たいした仕事もできないのに拘束時間が長いと感じていましたね（笑）。「サラリーマンって、こんなキツいんか！」と思っていました。ずっと時計を見ていましたね。「まだ、こんな時間か……」と何回もチラチラ……。

冬場以外は朝9時からお昼の12時までの3時間だけの勤務でしたけど、その3時間ですら長く感じていました。野球の1試合がだいたい3時間ですよね？　同じ時間なのに全く別の世界でした。一切、集中力を保てなかったです（笑）。「お金を稼ぐことの大変さ」も、このときに実感しました。

「輸送課」というところに配属されて、主な業務内容は雑務でした。わかりやすく説明すると、電車や貨物のダイヤが乱れたときに指示を出す場所です。僕の仕事は……例えば台風が来たとき、お昼ご飯を食べる時間がない人たちのために、会社の真横にあったマックスバリュでおにぎりやパンを買いに行くのが仕事でした。カゴいっぱいにみんなの分を買って、会社に戻って配っていましたね。その他には、コーヒーシロップの買い

▲ JR 西日本時代

足し、不要になった書類をシュレッダーにかけることなどを任されていました。両替や司令室への買い足しもしていましたね。

あんまり言うと失礼になるかもしれないですが、本当に誰にでもできるような〝雑用〟だったんです。僕でなくても全然大丈夫なお仕事だったからこそ、野球で「夢を掴みたいな」と。他にも何か〝仕事〟をしていたような……。あ、ひたすら「テプラ」をしていましたね！

きっかけはテプラ

皆さんは「テプラ」ってご存知ですか？　文字を打ち込むとシールになるものです。

指定された資料のフォルダに貼るテプラを作っていましたね。そのときに〝ふざけて〟ですけど「我が生涯に一片の悔いなし」のシールを作りました。それをオリックスに入団したときもプロテインのシェイカーに貼ったままだったので「ラオウ」と呼ばれるきっかけになったんです（笑）。

仕事は苦戦の毎日でしたけど、野球のほうは1年目から結構うまく進んでいた印象です。都市対抗と日本選手権に出場することができましたしね。ただ、社会人2年目は全然打てず。ドラフトの年なのに……と思っていました。

束の間のオフには、マツダスタジアムに広島東洋カープの観戦に行ったこともあります。広島の方は応援も熱狂的で、地域全体が「勝つぞ！」という雰囲気に包まれています。広島で過ごす中で赤いスクワット応援は見ないといけないなと思って、球場に足を運びました。スタンドで感じたことは「こんな満員の球場で野球ができれば、楽しいだろうなぁ……」です。本当にビッシリお客さんが席を埋めていて「すごいな……」と感心してしまいました。

ちなみに、僕はものすごく汗かきなので、名物のスクワット応援には参加していません。もし1試合ずっとスクワットをしていたら、着替えが何枚あっても足りないくらいになってしまうと思うので……（笑）。

そんな熱狂的な街で2年間、過ごさせてもらったのは本当に良い経験でした。だからこそ、数年後に僕がＪＲ西日本の「ＩＣＯＣＡポスター」として登場させてもらったのは〝恐怖〟を感じました。オリックスに入団して、長い間二軍暮らしが続いていた僕ですが、少し活躍することができて〝古巣〟からポスターのオファーを頂けたんです。マジでうれしかったですね。活躍を認めてもらえた感じがしました。

ただ、そんなうれしい反面で「カープの街」という認識があったので、ちょっと怖かったのも事実です。オリックスのユニフォームを着た僕がＩＣカードを掲げさせてもらっているパネル……。落書きされたり、もしも破壊されたりしていたらどうしようかなと思ってしまいました（笑）。反響もすごかったですし、その心配はずっとありましたね。

広島にお住まいの方も、僕がJR西日本出身の選手だと、多分知らないと思うんですよね。だから「なんでこいつなん？」とか「なんでオリックスの選手がポスターなん？」と思われた方もいたでしょうね。なんか、すみませんでした（汗）。

あのパネルは気に入っていたので、欲しかったです。どこに飾るのかは全く想像できませんが。僕は結構、思い出を大切にするタイプなので写真もよく撮りますし、記念品も大切にしています。一時期、日本郵政さんからオファーを頂いて、僕が「切手」になったこともありました。あの時期はファンレターが「僕の切手」で届いていました。面白かったですね、自分が届くファンレター（笑）。頂いたお手紙は毎回しっかり読ませていただいています。

元気や勇気をくれる言葉、その1行に何回もパワーをもらっています。〝ノンキャリア〟の僕に、ここまでしてくださるファンの方々には、感謝の気持ちしかありません。これからもドシドシお願いします！

第4章

光を求めたプロ生活

イチローさん

夢を与えられる職業に就けたので「あまり苦しんだ部分は口にしたくない」と普段は思っていますが、この章では当時を振り返ることで「みんなを元気にできる」と思って、綴らせていただきます。「夢を見る」ためには、数々の「現実」を見てきました。僕は本当に出会いに恵まれていて、運が良いと思っています。

楽しく野球を頑張っている少年少女や、努力を続けるサラリーマンの皆さん、家庭を安らげる空間にしてくださっている主婦（主夫）の方々、いまの僕みたいに個人事業主で「毎日結果が求められる立場」の皆さんへ、僕の経験談が少しでも届けばと思います。

改めてですが、僕は２０１５年秋のドラフトでオリックスから10位で指名されて入団しました。プロの世界に飛び込めただけでも「奇跡」に近い物語ですけど、そのタイミングが非常に良かったんです。僕が入団した頃、球団寮の青濤館は神戸にありました。当時、オフシーズンはイチローさんが神戸で自主トレをされていたので、ルーキーの選手たちは練習を見学させてもらえるのが恒例行事になっていました。

ドキドキしながら、ほっともっと神戸の一塁側ベンチの裏で待機していました。すると、イチローさんがやってこられて「本物や……」となりましたね。その直後に、ドラフト同期のみんなが順番にイチローさんに挨拶する流れでした。正尚から順番に「新人の○○です！ よろしくお願いします！」という感じでした。ドラフト10位なので、支配下選手登録されているメンバーの中では最後が僕でした。


ひと言目に「外野手の杉本裕太郎です！」と言いました。順番を待っているタイミングで「なんかインパクトあることを言いたいなぁ……」と脳みそをフル回転させていたんです。だから、直後に「僕、大学時代にお姉ちゃんとシアトルにイチローさんの試合を観に行ったことがあります！」って言ったんです。本当の話なので。

そうしたら、イチローさんが反応してくださって「え！ そうなん？ どこの試合？」と聞いてくださったので「レンジャーズ戦です！」と言ったら「あ、じゃあ、あのときか！」と会話を続けてくださいました。めちゃくちゃ試合の詳細までお話をしてくださったんですけど、正直、僕は〝イチローさん〟しか見ていなかったので、試合内容は全然覚えていなくて……。うまい感じに「あ、はい！」とか「そうです！」という感じにお返事させていただいて、わからないなりに頑張って場を盛り上げていました（笑）。

当日は練習をじっくり見学させてもらって「これがスター選手か……」と感じさせてもらいました。すると後日……。チームのマネージャーの方から電話をもらって、「今日、イチローさんが神戸で練習をされるんだけど、外野手で体が元気な選手がいたら『一緒に練習しよう』って言っているよ」と伝えられました。すぐに「行かせてください！」と返事をしました。

あのとき、ドラフト選手で外野手は正尚と僕だけでした。正尚は体のどこかをケガしていたみたいで「外野手で体の元気な選手」は僕しかいなかったんです。その日は元々、車の手続きの予定があったんですけど、すぐに手続きの日程変更の連絡をして、練習に行かせてもらいました。それが世の中にまだ情報として出ていない「極秘の1回目」でした。2回目も同じ1月でした。マネージャーから「練習するそうだけど、どうする？」

とまた電話を頂いたので「行きます！」と〝即返事〟をしました。そのときは天候が良くなかったので、室内練習場で練習させていただきました。すぐに部屋を出て向かったんですけど、すでにイチローさん、糸井嘉男さん、平野恵一さんがいて、一緒にバッティング練習をさせてもらいました。

イチローさんの打撃練習中に「動画を撮影しても良いですか？」とお願いしたところ「自分で見直す分なら全然構わないよ」と言っていただき、後ろからと横からのバッティング動画も撮らせてもらいました。あのときの「神動画」はいまでも自分の携帯に残っていて、よく見直しますね。練習後、取材をしてくださった記者の方に「日本で一番幸せな選手だと思う」と言った記憶があります。

そこからもイチローさんは何度も練習に誘ってくださって、ルーキーイヤーを終えたシーズンオフと、その次のオフも一緒に練習させていただきました。シアトルまでお姉ちゃんと観に行った「レジェンド選手」と3年連続で会うことができて、本当に〝奇跡〟でした。でも、僕はプロ2年目に初ホームランを打つまで、イチローさんと一緒に練習をさせていただいていたことを黙っていました。心の中では「イチローさんに迷惑がかかる」と思っていたからです。イチローさんに教えてもらっていたのに、僕みたいな結果の出ていない選手がコメントするのは失礼だと思っていました。ただ、イチローさんはどんな質問にも丁寧にお返事をくださって、本当に幸せな時間でした。ちなみに、イチローさんが現役引退を発表された翌日の19年3月22日、阪神とのオープン戦で僕は野球人生で初めて「代打サヨナラ本塁打」を放つことができました。感謝の心を込めて、かっ飛ばせてよかったです。

「ユニバ」で能見さん対策

プロ1年目の16年、宮崎春季キャンプは一軍スタートでした。実力が及ばず、途中からファームに降格しましたけど、偶然、視察に来ていたマイアミ・マーリンズの球団社長（デビッド・サムソン氏）から「99番の選手は体格と肩が良いので気に入った」と言ってもらえたことがうれしくて、励みになりましたね。シーズンが開幕してからは二軍で必死にバットを振っていました。ウエスタン・リーグの投手陣を相手に苦戦して「これがプロの投手が投げるボールか」と実感しました。すると6月12日、日曜日の夜、携帯電話が鳴りました。珍しくマネージャーからでした。

「火曜日の甲子園から一軍合流。相手先発は能見。準備しておいて」

突然の一軍昇格が決まりました。もちろん、うれしかったんですけど〝ある問題〟が起きていました。月曜日に「ユニバ（ユニバーサル・スタジオ・ジャパン）」に行く約束をずっと前からしていたんですよね（笑）。シーズン中は移動日がない場合、月曜日が唯一の丸1日オフになります。だから、結構前から入れていた約束の日だったんです。すごく悩みましたけど「この予定は外せないな……」という感じで、朝からユニバに行きました。約束を守って、ユニバに行ったまでは良かったんです。でも、ですよ……明日からプロで初めて一軍の試合に出場することが決まっている僕が、テーマパークで大はしゃぎして楽しめるわけがありませんでした。アトラクションの列に並んでいる待ち時間は、ずっとＹｏｕＴｕｂｅで能見篤史さんの投球映像を見ていましたね。映像を

▲プロ初出場となった2016年6月14日の阪神戦（甲子園）。スタメンに抜擢されるも3打数無安打に終わり、歯がゆいデビュー戦となった

何回も見直して、研究して……。独特の緊張感もありましたし、楽しいはずのユニバが、その日だけは全然面白くなかったですね（笑）。

迎えた6月14日の甲子園。「一番・センター」でプロ初出場、初スタメンでした。高校野球みたいに試合開始のサイレンは鳴りませんでしたけど、初回に先頭打者として打席に入りました。初打席は能見さんから空振り三振。その後もヒットは打てず、3打数無安打2三振で途中交代しました。そして翌日には二軍降格……。何も「爪痕」を残すことができず、悔しさで胸がいっぱいでした。一軍デビューがあこがれの甲子園でかなり緊張していました。能見さんとの対戦の記憶は鮮明に覚えているんですけど、前日のユニバの記憶は全くないですね（笑）。能見さんとはチームメートになったとき「あのときのラオウを抑えるのは余裕やったわ！」と言われました。

甲子園への思い入れは強かったです。高校1年生の夏に先輩たちの力もあって、甲子園の土を踏むことができましたけど、プレーしたことはなかったんですよね。あと、JR西日本に在籍していた頃、休みの日に甲子園のレフトスタンドで観戦したことがあったんです。僕は昔から阪神のマット・マートン選手が大好きで、それで現地観戦に行きました。DeNA戦でしたね。

当時はコロナ禍になる前だったので、ラッキーセブンの攻撃前にジェット風船を飛ばしていました。楽しみだった応援スタイルの一つだったので、僕も飛ばしました。すると、DeNAのレフトを守っていた筒香嘉智選手が、ジェット風船が落ちてくるのを見て、せっせと拾っていたんですよね。それを見て「かっこいいな……」と思ったんです。ファンからの「筒香いいぞー!」という声もあって、すごく大事な行動だなと感じました。その瞬間に僕は……。

「いつか甲子園のレフトを守って、満員の球場でホームランを打ちたいな」

そう誓いました。それから時を経て、23年6月15日の阪神戦(甲子園)で、完璧に捉えたホームランを打つことができて、夢が叶いました。ずっと叶えたかったんです。勝ち越しホームランというのもありましたけど、また一つ「自分の夢が叶えられた瞬間」だったので、本当にうれしかったんです。

当時、レフトスタンドで観戦していたとき、仲良くなったおっちゃんに「プロ野球選手になったら観に行くでな」と言われたことを思い出しました。おっちゃん、いまでも

▲ 2023年6月15日の阪神戦。夢だった甲子園球場で会心のホームランを放った

元気にしているやろうか……。もしかしたら、甲子園のスタンドで観ていてくれたかもしれませんね。

胸に響いた言葉

プロ1年目は、6月14日の1試合だけの出場に終わり、2年目を迎えました。入団して数年間はファームで調子が良くても、一軍からお呼びの声はなかなか掛からず……。二軍で結構、打っていた時期もあったんですけど、チーム内での競争が激しくて、僕はチャンスを掴むことができていませんでした。毎回、試合でヒットを打つ度に「そろそろ（一軍に）上がるかな？」と期待を抱いていましたけど、現実は厳しかったです。自分より打っていない選手が昇格することもありましたけど、それは「僕に何かが足りない」ということ。「不貞腐れていたらチャンスがなくなるだけ」と思って、元気いっぱいグラウンドを駆け回っていました。正直な気持ちを言えば「頑張っていれば、他のチームの編成担当も見てくれているはず……。チャンスは、このチームだけじゃない。ここで一軍に上がれないからと言って、夢をあきらめてどうするんだと。「絶対、誰かが見てくれている」と自分に言い聞かせて、気を抜かずに必死に頑張っていました。

そう思えるようになったのは由田慎太郎スカウト（現コーチ）の存在がありました。二軍生活が長かった頃「シンタロウさん、あかんすわ〜。一軍に上がれんし、上がっても打てんすわ……」と嘆いていました。実際にそうだったので。

担当スカウトではなかったんですけど、ずっと気にかけてくれていました。神妙な表情で「どうしたら良いですか？」とばかり聞いていたそうです。慎太郎さんはスカウト（編成部門）などの経験もあったので「そういう選手をいままで見てきたけど、トレードで他球団に移籍して現役生活が伸びた選手もいた。ここで腐ったら、野球人生がそのまま終わるだけ。周りもラオウの動きや取り組みを見ているから。まだまだ頑張れるぞ」と言ってくれました。その言葉で僕はモチベーションが保てたんです。いままでもずっと胸に残っている言葉ですね。

元スカウトだったからこそ、話せることだったと思います。「もうちょっと打撃が良くなったら、他の球団も『欲しい』って言うかもしれないよ。でも、いまはまだやるべきことがあると思うけどね」。マジで、この言葉がなかったら、僕はずっと不貞腐れていたと思います。慎太郎さん、ありがとうございます。「引退するとき、どこかで言えよ！」といつも冗談半分にイジってくれていますけど、このタイミングで披露させてもらいますね（笑）。すごく良い〝指導者〟に僕は恵まれました。

うれしい勘違い

プロ2年目、17年の9月8日でした。「あ、もう、終わったな……」と感じていた僕に、予想外の希望を与える一言が飛んできます。夏場を越えて、二軍戦も残り試合を数えられるくらいになった頃、僕は1週間くらいファームのスタメンから外れました。入団時ですでに24歳。大卒出の社会人からドラフト10位で入団した僕は真剣に悩みました。「このまま戦力外になるんだな……」と察していたんです。

9月8日の朝、舞洲に到着すると久々のスタメン出場を伝えられました。相手投手がサウスポーだったことも理由にあると思います。「今日ダメだったら、もうチャンスはないな……」。そう感じながら、僕は打席に向かうと3安打猛打賞を記録しました。〝火事場の馬鹿力〟というものですね。

すると、試合中に当時二軍監督だった田口壮さんから「ラオウ！」とベンチの中で呼び出されました。「ラオウ、センター（実際は仙台）行ってこい！」。攻撃中のベンチで、そう言われたので「はい！」と言って、グラブを持ちました。「あ、次の回からはセンターを守るのか」と思って、ベンチで少し休憩してから、走ってセンターに向かおうとしたんです。

その瞬間に「ラオウ！　何してんねん！」と田口さんから言われたので「あ、やばい。自分のダッシュが足りてないんだ」と思って、全力で走って行こうとしました。「ラオウ！おい！　ラオウ！」と聞こえたので「え？　僕、センターじゃないんですか？」と聞き返しました。試合終盤だったので、誰か他の選手がベンチに下がって、僕がセンターに回ると思っていたんです。

「ちゃうわ！　センターじゃない、仙台や！　明日から一軍や！」

田口さんが何を言っているのか、数秒間はわからず「あ、そういうことですか？」というふうになって、ベンチに戻って荷物を片付け始めました。久しぶりのスタメンだったので、目の前の試合に張り切っていたんです。それまではずっと、試合中盤になるまでは室内練習場でバッティング練習をして、試合後半の出番に備えていたので。やっと試合に出られたぞという気持ちで二軍戦に臨んでいました。

突然「一軍！」と言われたので、ビックリはしましたけど、ワクワクした気持ちで飛行機に乗って、仙台に向かいました。

9月9日の楽天戦は「一番・センター」でスタメン起用されました。背番号と同じ「99」の日付だったので「何か起こるんじゃないかな」と思っていました。初回先頭打席に入ると、思い切りバットを振りました。打球はグングン伸びて、バックスクリーンに飛び込む「先頭打者本塁打」になりました。僕にとってはプロ初安打が初ホームラン。

ようやくのデビューを華々しく飾れたので「プロの世界でやっていけるかも……」と思いました。ファームでもスタメンから外れる日々で、絶体絶命の危機にいましたからね。ただ、翌日の試合で1点を追う9回二死二塁のチャンスで代打起用してもらったんですけど、松井裕樹選手（現パドレス）から三振をしてしまって、試合後すぐに出場選手登録抹消が決まりました。先頭打者ホームランを打った次の日に……。そのタイミングで、結構、落ち込みましたね。最初はホームランを打てたので「何日間かは一軍にいられるんじゃないかな」と思っていましたけど、結局、次の日に荷物をまとめて抹消。ものすごく落ち込みましたね。でも、そうは言ってもチーム状況もありますし、僕がチャンスで打てなかったのがすべてですから「しょうがないかな……」と言い聞かせていました。

その後、ファームでは悔しさよりも寂しさが募りました。「また一軍に上がって、みんなと野球がしたいな……」。そう思っていましたね。同時に〝冷静さ〟も身につけました。自分でコントロールできない部分に対して、感情を出しても意味がない。考えても解決策にならないとわかったんです。結局、プロ選手なので、自分が打たないと扉は開かないんだなと。二軍降格については、どう考えても現実は変わらない。決められるのは自分ではない。そんなことを考える前に、自分のできることをしようと気持ちを切り替えていきました。悔しさを押し殺すってこういう感じなのかと思っていました。

「外角の真っすぐ」をグランドスラム

プロ3年目の18年も一軍キャンプスタートでしたが、途中で3年連続となる二軍降格。このときはファームでも全然結果が出てなくて〝終わり〟が見えていました。絶対に「戦力外通告」を受ける候補選手だったと思います。ようやく7月11日の楽天戦（楽天生命パーク／現楽天モバイルパーク宮城）で一軍昇格して「七番・ライト」でスタメン出場。相手の先発投手は辛島投手。1年前に僕がプロ初安打&プロ初本塁打を放つことができた投手でした。過去の相性を考えての昇格だったのかなと思い「ここで打たないと本当に終わる」と覚悟していました。

4回一死満塁で、僕は「ピンチをチャンスに変える瞬間」に出会いました。それもスレスレのところです(笑)。その試合は1打席目が3回に回ってきたんですけど、四球を選んでいました。4回の第2打席は前の打者がデッドボールで満塁になったこともあり、「外角の真っすぐだけを狙っていこう」と指示が飛びました。そのほかのコースや違う球種が来たら、もう打てなくても仕方ないからアウトコースの直球だけに集中してほしいとのことでした。

打席に入る前のネクストバッターズサークルで、当時の下山真二打撃コーチ(現スカウト)に「真っすぐだけ!」と背中を押してもらいました。打席に入ると、冷静に構えて「外角の真っすぐだけ」を狙っていました。

初球はボール球だったので、勝負の2球目。言われていた外角の真っすぐがドンピシャで来たんです。だけど……手が出ずにストライク。ベンチから「おいっ!」という大きな声が聞こえました。僕もすぐに〝察し〟ましたよね。だって「そこだけ打ちにいけ」という指示が出ているのに、絶好球を簡単に見逃してしまったわけですから。どう考えても１２０パーセント、僕が悪い。チームの作戦も遂行できていないわけですから。そこで、やばいな……と感じました。

もちろん､頭の中には「外角の真っすぐ」がありました。むしろ、それしか頭になかったのにスイングができませんでした。「外角の真っすぐ」だけを打つ感じで打席に立ったのに、本当に手が出なかったんです。「ここで打たないと登録抹消だな。明日からまた二軍だな」と。打席の中でそんなことが頭をよぎりました。前年に先頭打者ホームランを打った次の日に二軍落ちを経験しているので、すぐに抹消がチラつきましたね。打たないと野球人生が終わると……。

幸い、まだ勝負は終わっていませんでした。次の球がボールになり、４球目に全く同じ外角の真っすぐが奇跡的に来たんです。１回目は全く手が出ませんでしたけど、２回目は〝開き直って〟打てたんです。それが本当に「外角の真っすぐ」でした。気がつけば打球はスタンドイン。グランドスラム（満塁弾）でした。打ってこいよと指示をもらった「外角の真っすぐ」を弾き返すことができました。

ここで「　」を使っているように、何回も打席の中で「外角の真っすぐ」を唱えていました。必死に打ったのを覚えています。最高の結果になりましたけど、反省を通り越して自分に呆然でした。まず、指示を受けたボールが2球目に来たのに手を出していないこと。そこで凡打になっても、自分の技術不足なわけですから。打ちにいけていないことが一番ダメな場面です。本当に意味がわかりませんから。でも、手が出なかったからこそ、開き直って思い切り振れたのもあると思います。〝終わり〟を覚悟していたからこそ生まれたミラクルだったと思っています。

戦力外候補

野球人生がリアルに「終わる」と感じたことは何度もあります。オフシーズンになると「戦力外通告」の5文字と戦っていましたね。プロ1年目は、夏場に右肘を手術したこともあって、二軍でも試合に出る機会が少なかったです。だから、そのときはあまり

〝クビ〟を考えなかったですね。だけど、2年目のオフから3、4年間は毎年のように覚悟をしていました。誰がどう見ても「戦力外候補」だったと思いますし、自分自身もそう思っていたので……。「いつ、野球ができなくなるかわからない」と感じていました。それでも奇跡的にオリックス球団が僕を残してくれていた。だからこそ、球団に「恩返しをしないとな」とずっと思っています。

同期入団の選手や、後から入団してきた選手たちが、自分よりも先に一軍で活躍しているのを見てきました。正直に羨ましかったです。ずっと1人だけ二軍暮らしで置いてけぼりだったので、悔しいな……と思っていました。でも、それ以前に自分のことを応援してくれている人に〝お返し〟をするには、どんなことよりも「一軍で活躍すること」だなと感じていました。その気持ちをずっと持っていました。

手にした新たな感覚

プロ3年目が終わった18年オフ、チームのアシスタントスタッフだった瓜野純嗣さん

（現ソフトバンク）から「面白い人がいるよ。よかったら紹介するから、1回、会ってみたら?」と声を掛けてもらいました。瓜野さんは僕が全然活躍していない二軍時代から、よく声を掛けてくれていました。舞洲で打撃練習の捕手役をしてくださっていたんですけど「ラオウのフリーバッティングはマジでエグい。絶対、試合に出続けたら打てるよ」といつも自信を深める一言をくれて、寄り添ってくれました。

瓜野さんから紹介されたのは「根鈴道場」でした。アメリカのマイナーリーグや、日本の独立リーグなどでプレーされていた根鈴雄次さんから、スイング軌道や力の伝え方を教わることになりました。最初に指導を受けたときは、いままで感じたことのない〝感触〟で「なにこれ……」と思いましたね。でも、指導を受けた初日から「打感」が良かったんです。こんな打ち方もあるのか……としっくりきました。それまでの僕は打つポイントが前過ぎて、体から遠い場所でしかボールをさばくことができませんでした。それを突然「捕手の近く」をイメージしてミートポイントを意識することになったんです。極端に言うと「自分の右足の前で打つ」感覚です。

いままで試したことのないミートポイントだったので「こんな感覚もあるんや……」と仰天してしまいました。ポイントを「前」で打つことが一番、力が入ると思っていたので。ポイントが後ろだと、速球に差し込まれるから強い打球は打てないと思い込んでいました。でも、実際はそうじゃなくて、体の近くで捉えても、強い打球は飛んでいきました。ボールを長く見られる分、選球眼にもつながっていて、ボール球を振る数も若干は改善されたと思います。こういう角度でバットを出せば「バコーンと打球が飛ぶ」という理屈まで教えてもらって、確かにそうだとなりましたね。

その手応えを残したまま、プロ4年目のシーズン（19年）に突入しました。あの年はオープン戦まで一軍に帯同できたんですけど、開幕一軍入りは果たせませんでした。ただ、春先のウエスタン・リーグでも状態が良くて、4月上旬には一軍に呼んでもらうことができました。4月13日の西武戦（メットライフドーム／現ベルーナドーム）では、プロ入り初の「四番」で起用されました。3回の打席でバックスクリーン直撃の1号2

ランを放つと、7回にも2号ソロを描いて「1試合2発」を記録しました。ノリノリでしたね。

あの頃は、バッティング練習も試合でも「全球ホームラン狙い」でした。常にホームランしか狙っていなかったです。4月20日の楽天戦（楽天生命パーク宮城）の5回に美馬学投手から「プロ入り初の単打」を打つことができました。53打席目で初めて単打を記録したそうです。そりゃそうですよね。毎日、毎打席、ホームランしか狙っていなかったんですから（笑）。

僕は与えていただけるチャンスは少ないと思っていましたし「一発逆転の人生」を狙おうと思っての全球ホームラン狙いでした。気持ちを割り切っていましたね。僕は「すぐにクビになる」と思っていたので、とにかく後悔しないように全力でスイングしていました。

初めて単打を記録したときは、ヒットを打ったのに球場全体からため息が聞こえました（笑）。塁に出たのに「キャラと全然、違うやんけ！」みたいな雰囲気に球場がなっていましたね。それまでは全部が長打だったので。19年は18試合の出場で打率・157、4本塁打、7打点の成績でした。プロ4年間で13安打中の7本が本塁打の〝破壊力〟には満足していましたが、確実性が全然足りていませんでした。

19年はウエスタン・リーグで78試合に出場して、打率・277、チームトップの14本塁打、打点もチームトップの43打点でした。打率も少しずつ残せるようになっていたので「フルスイングしなくても打球が飛ぶ」ということが、ようやくわかってきた時期でした。だからこそ「確実性」を重視しようとバットを変える決断をしました。

その年のシーズンオフ、一緒に自主トレをしていた広島の羽月隆太郎選手のバットを借りて、打撃練習をしてみました。スイングしてみると、むちゃくちゃ軽く感じて「おもちゃ」みたいな感じでした。でも、そのときは「とにかく結果が欲しかった」ので、長打ゼロの完全にヒット狙いに切り替えていました。「ヒット100パーセント、ホームランゼロ」の確実性だけ意識していましたね。

モデルチェンジを決めた理由は簡単なことでした。いままでホームランしか狙っていなかったのですが、「コツコツ打率を上げていかないと生き残れない」と感じたからです。試し打ちをしてみたとき、最初は全然、面白くなかったです。でも、こんなに軽く振ってもヒットになるんやという感覚はありました。言い方がふさわしいかどうかわかりませんけど、「こんなんでヒットになるんやったら、めっちゃ楽やん。フルスイングしなくても」と思いましたね。強振しなくてもホームランになることもありましたから。そこで打つときに「力を抜く感覚」を覚えましたね。

そして、2020年――。モデルチェンジした僕に「人生を変える出来事」が起こるのでした。

第5章

中嶋聡監督に導かれて

チャンスは突然に

人生を変える1日は「風呂場」からスタートしました。

2020年8月21日。僕は舞洲の球団寮で、二軍戦に備えて湯船に浸かろうとしていたところでした。寮の2階にお風呂があって、試合前は体を温めてから臨むスタイルだったので、5分から10分くらい「今日も頑張るぞ」と思いながら湯船に浸かろうと思っていたタイミングです。お風呂場の手前に「監督室」があるんですが、偶然、中嶋聡監督が前から歩いてきたので「おはようございまーす!」と、いつもの感じで朝の挨拶をしました。すると……。「一緒に行くぞ!」って言われたんです。お風呂じゃなくて一軍に。

その朝、中嶋監督が一軍の監督代行になるという記事を読んだばっかりだったので、ビックリしましたね。本当に急でした。いつものように裸でタオルを巻いてお風呂場に向かっていたら、監督から真剣な表情で「全部俺が変えてやる」と言っていただきました。今度こそ「ラストチャンス」だと思って、急いで身支度を整えました。

それまでの数年は、一軍に上がっても全然打てなかった。なかなかチャンスをモノにできず、すぐに二軍落ちになるパターンでした。8月中旬でしたけど実質は〝消化試合〟になっていたので「アピールのチャンス」だと感じていました。これまで試合に出てなかった自分みたいな選手は、消化試合のタイミングでアピールしないと。レギュラー格じゃない選手たちは、優勝を争っている状況などのタイミングではなかなか試合に出してもらえないので。だから「ラストチャンス」だと思って京セラドームに行ったのは、本当に覚えていますね。中嶋監督がファームの指揮官だった頃、僕が（一軍に）上がれるとか上がれないとか、そういう話は一回もしたことがなかったので、特にビックリしました。

その年、昇格までにウエスタン・リーグで33試合に出場して打率・370の好調をキープしていたんです。昇格即スタメンで起用していただいて、7回の第3打席でライト前ヒットを打つことができました。ぐちゃぐちゃのスイングで、訳のわからないぐらい崩された形で打ったライト前ヒット。みんなが期待しているホームランでもなければ、快音でもなかったです。でも、うれしかったなぁ……。あの1本、その日にヒットが打てたことがすごくうれしかったんです。そこから、ある程度ずっと一軍で使ってもらえたので。

チームは最下位に沈んでいて、上位争いに絡むことのない試合でしたけど、そのタイミングで「一軍の試合に出ること」に、やっと慣れました。それまでは2打席で代わったり、打った次の日に二軍落ちしたり……内心、どうしても焦っていました。打てなかったら登録抹消というのが、ずっと頭にあったんです。それが〝ちょっとだけ〟なくなったのが20年でした。もちろん、変わらずに危機感はありました。でも、気持ちが楽になったんです。場慣れしたというか、楽しさを感じられるようになった。最終的に41試合に出場して打率・268、2本塁打、17打点。21年につながる成績を残すことができました。

ただ、ホームランが2本だったので、20年のオフにもバットのモデルチェンジを決めました。「羽月モデル」のバットは軽くて操作性は良かったんですけど、どうも打球が飛ばない。そこでシーズン中から〝目星〟をつけていたのが、楽天の浅村栄斗さんのバットでした。どこからかの噂で「浅村さんのバットは軽い」と聞いていたんです。さすがに羽月選手のバットよりは重いですけど（笑）。浅村さんは右バッターで一番好きな選手だったので頼みたいな……と思い、1本サンプル用にバットをもらって、形を取ってミズノさんに作ってもらいました。当時、自主トレを一緒にやっていた楽天の森原康平（現DeNA）に「浅村さんに頼んでもらえない？」とお願いをしました。

バットもモデルチェンジした20年、確実性こそ増したんですけど、やっぱり自分の長所は「大きな打球が打てること」だと改めて確認できたシーズンでした。コンパクトに振る意識を持ちながら「強く振る」イメージが出来上がった1年になりました。

ジョーンズ先生

また、20年は〝新しい先生〟とも出会いました。メジャーで通算282発を誇る、アダム・ジョーンズです。オリックスに入団してくれるという情報を聞いたとき、福田周平が大興奮していましたね。周平はメジャーリーグの情報に詳しいんです。「アダム・ジョーンズの全盛期はマジでやばい」ってずっと言ってました（笑）。ジョーンズはバリバリのメジャーリーガーだったのに、性格もめちゃくちゃ良い人でした。話し掛けたら、すぐにバッティングを教えてくれました。来日してすぐ、舞洲の室内練習場でバッティング練習をしているときに「一緒に打とう！」って言ったら、一緒の組に入れてローテーションを回してくれました。ジョーンズと（スティーブン）モヤが打っているところに「入れて！」とお願いしたんです。

来日して最初の頃は少し太っていたかもしれないですけど、とにかく打ち方がきれいでした。全然、体が前（投手方向）に突っ込んだりしない。全部同じ軸で「その場で回転するイメージ」で打っていましたし、顔も動かない。頭が前に行かないので、体が投手方向に倒れないんです。フリー打撃を見た瞬間「めちゃくちゃ良い打ち方やな……」と惚れてしまいましたね。真似するじゃないですけど、ジョーンズの打撃を見て軸を動かさない意識が深まりました。

周平も入れた3人で打撃練習をしているときによく〝ゲーム〟が始まりました。ポップフライを打ち上げたり、ボテボテのゴロを打ったりしてしまったら、その場で「腕立て伏せ10回」の〝罰ゲーム〟。それも練習の一環で、全部強いライナーを打つ練習でした。ホームラン性の当たりじゃなくて、低く鋭い打球です。もちろん、腕立て伏せはジョーンズもやっていました。あのときの楽しさは、子どものときに野球を始めた頃のような感覚でしたね。

その数日後、来日1年目の宮崎春季キャンプで「食事に連れて行ってよ!」と言ったら、みんなにステーキをごちそうしてくれました。外野手のメンバーは全員参加でした。ジョーンズはすごく陽気な人だったから、会食にも誘いやすかったです。そこでみんなが打撃の質問をしたり、メジャーでの経験を聞いたり。助っ人選手は最初、少しだけ近寄り難いので、本当にありがたかったですね。

ジョーンズが言っていたことは、すごく深かったです。「バッティングは失敗がほとんど。7割は失敗する。だから、凡打でもすぐに切り替えることの大切さを知るほうが良い。もし1打席目、2打席目に結果が出なくても、3打席目に良い場面（好機）が回ってきて、そこで打てば良い。とにかくポジティブに。一番大切なことは〝失敗〟を引きずらないことだ」。痺れましたね。気持ちが楽になりました。

面白い表現もしてくれました。「野球の結果はジェットコースターのようで、毎日受け入れないといけない。今日調子が良くて打てても、それは今日のこと。次の日はすぐに来る。新しい1日はまた始まる。成功するために助言できることは、常にベストを尽くすこと」。メジャーの第一線で活躍した選手だから言える言葉でした。

熱いプレーヤーでしたけど、普段は茶目っ気もある選手でした。京セラドームの一塁側ベンチ横のカメラに向かってオナラをしたり、イニング間のキャッチボールではボールボーイと遊んでいたり、ふざけまくっていました（笑）。でも、その姿を見て、みんなが和んでいました。試合前には、お気に入りのサンドイッチを自分で買いに行って差し入れをしてくれたり、食事会も全員分を奢ってくれたり。愛すべき助っ人でしたね。

真剣なときは「ガチ」でした。「得点圏では投手は甘い球を投げない意識になる。集中力がより高まるから、大振りするよりもコンパクトにセンター返しを狙うべき。ランナーを（本塁に）かえす打撃を、練習のときから意識したほうが良い」。仲良くなってからは〝トモダチ〟と呼び合っていたんですけど、確実に〝先生〟でしたね。もう一つ教えてもらったことがあります。後ろのお尻（右）を「投球にぶつける感覚」です。打撃練習ではライナーを打つイメージと何回も言われていましたが、理由もしっかりあります。「試合になれば相手も本気で投げてくる。投球が強くなる分、飛距離が伸びる」ということでした。なるほど……と思うことばかりでしたね。

打球を「飛ばし過ぎない」という意識は、中嶋監督からも教わっていました。ファームの監督をされていた頃から、バッティングを教えてもらっていたんですけど「あんまり振り過ぎるなよ」と結構な頻度で言われていました。

気になるマルチアングル映像

二軍で奮闘していた頃、地方球場で開催された試合で、当時は中日でプレーされていた谷元（圭介）さんからバックスクリーンにライナーでホームランを打ったことがあったんです。そのとき「振り過ぎずにインパクトのところだけで良い」と言っていただいて練習しているタイミングでした。教わっていたときに飛び出したホームランだったので、「あのスイングであんなに飛ぶん？　エグいな」と褒めてくれたのがうれしかったです。

その頃から、力を抜いてインパクトのところだけに集中して、あとは何も考えずに……ということを意識しています。体をひねったり、フォロースルーを大きくしたりとかも考えません。スイング軌道も考えずに〝力感〟だけを意識して打っています。バックスクリーンへの弾丸ライナーはなかなか衝撃だったみたいで、いまでも同じようなタイプの投手が出てきたら中嶋監督は「谷元から打ったバックスクリーンのイメージで行けよ」と言ってくれますね。

ものすごくお世話になっている中嶋監督ですが、初めて出会った頃の印象はあまり覚えていません。パッと見は〝ちょっとだけ〟怖かったですね（笑）。最初は「どんな人なんやろう……」と思っていました。それから何日か経って思ったことは「いろんな選手と話す監督さんだなぁ」ということです。ものすごくコミュニケーションを取る人だなと。若い選手にはもちろん、僕らみたいな味の出てきた中堅選手らにも声を掛けているイメージが強いです。

一軍に昇格してからは、中嶋監督から特に何か言われることはないですね。ちょっとだけ寂しいです（笑）。パ・リーグTVのマルチアングル映像が頼りです。自分が打ったときの映像を確認するんです。ベンチで監督がどんな感じで喜んでいるのかなと（笑）。だいたい、監督周辺のベンチの雰囲気が映るじゃないですか？ 一緒になってめちゃくちゃ喜んでくれているのは本当にうれしいですね。

21年は初めて開幕一軍切符を掴んで、開幕スタメンで起用してくださいました。ずっと開幕は二軍スタートだったので、少しだけ自信が持てましたね。そこから、東京ドームで看板直撃弾、6月に月間MVP、交流戦優勝、初めてのオールスター出場……。プロ野球人生が一気に花開いていきました。下積み時代が長かっただけに「中嶋監督がい

▲中嶋聡監督との出会いが、野球人生を大きく変えた

なければ……」と、ずっと思っています。全部、中嶋監督のおかげです。あのままの自分だったら……そもそも一軍の試合に出られてないです。僕にチャンスをくれた人。その恩は「絶対に返さないと」と思っています。

打率3割&30本塁打

優勝争いをしていた21年10月2日の京セラドームでのソフトバンク戦、試合を終えた僕たちは暗い顔をしていました。試合中、右手首付近にデッドボールを受けた（吉田）正尚の骨折が判明したんです。試合後のサウナ室には、がっくりとした中嶋監督と水本勝己ヘッドコーチがいました。下を向いておられたので「監督、顔、暗いですよ。明るく行きましょう！」と声を掛けました。優勝争いの佳境で、チームにとって痛すぎるアクシデントだったので「明るく行ける」わけがなかったんですけど、勇気を振り絞って言ってみました。監督は少しだけ笑ってくれました。お風呂場で「一緒に行くぞ！」と声を掛けてもらったうれしさを、僕は忘れていませんでした。

21年はシーズン最終戦の「声掛け」も覚えています。10月25日の楽天戦（楽天生命パーク）は、正直なところ……休みたかったです。でも、優勝がかかっている試合でしたし、負ければ「歓喜の瞬間」は味わえない、大切なゲームでした。

シーズンが終わる１カ月くらい前から、ずっと（打率）３割を行ったり来たりしていたんですけど、そのときに中嶋監督に「３割、打ちたいです！」と言っていたら「お前、アホか、そんなこと絶対に考えるな。打率のことを考え始めたら絶対終わるぞ」と注意されていました。数字を気にしていたら「バッティングが崩れる」と言ってくれていたんですけど、僕は結局最後までずっと〝数字〟を気にしていましたね。気にしないでいるなんて無理ですよ、無理無理（笑）。

試合前の時点で４７４打数１４３安打の打率・３０２でした。ラストゲームで４打席に立てば、打率３割をキープするには「ヒット１本」が必要だという計算でした。四球を選んでも、送りバントを決めても打率は下がらないので、かなり意識していました。「気にするな」と言われていた数字をずっと気にしていました。しかも、相手先発が楽天の田中将大さんで、相性が悪くて……。その頃、全然打ったことがなかったんです。1打席目は中飛に倒れて、2打席目は二ゴロでした。めちゃくちゃ良い当たりのセカンドゴロを打って会心だったんですけど、浅村さんにうまく捕られて「あ、これは、もうあかんわぁ」と思ったんです。せっかく捉えたのに……という感じで（笑）。3打席目はピッチャーゴロに倒れて、ついに打率が3割を切りました（．299）。運命の4打席目は9回無死一塁でした。ものすごく集中していました。「．299か．301」になる打席でしたから。あれだけ数字を気にしていたので（笑）。

相手投手がブセニッツで、田中さんと同じく全然打っていたイメージがなくて……。開き直っていましたね。打率3割行くか、行かないのかは「今日で決まる！」と試合前、みんなに向かって言っていたので、自分で（笑）。僕がどういうアプローチをしているか「僕の生き様をみんな見といてください！」って自分にハッパをかけていました。

だけど、現実は「この打席でバントしたら記録は3割なのかな？」とか「その感じで

3割なんだったら監督、ここで代打を送ってくれへんかな」とベンチをチラチラと見ていました(笑)。でも、全くベンチの動きはなくて……。2点リードの最終回だったので「とりあえずランナー一塁やし、しっかりとつなごう」と思って打席に入りました。

体勢を崩されながらも、ライト前にヒットが打てました。ベンチのみんなもめっちゃ喜んでくれた。僕は一塁ベース上で「昇天ポーズ」をしてしまいました。もう、うれし過ぎて(笑)。打率・299と3割(1厘)は全然違う気がしていたので。その後、後藤駿太(現中日)が僕の代走で良い仕事をしてくれたんです。安達(了一)さんのツーランスクイズで、二塁に進塁していた駿太が一気にホームにかえってきて、ベンチは大盛り上がりでした。

球団で「打率3割&30本塁打」は2008年のアレックス・カブレラ以来で、日本人選手では1989年の門田博光さん以来32年ぶり。球団名がオリックスになってからは、生え抜き選手で初めてだったそうです。山本由伸も完封勝利で18勝目。あの試合は震えましたね。

スタメン予想の日々

21年の最終戦で〝喝〟を入れてくださったこともそうですが、中嶋監督は「選手個々」をよく見てくださっています。打てなかったときや、ミスをしてしまったときの声掛けが本当にうまい。みんな、そう言いますから。真剣にアドバイスをしてくださるときと〝あえて〟ふざけてくれるときもあります。

僕としては「手のひらで転がせてもらっている」感じです。転がしているというよりも、完全に転がせてもらっています（笑）。試合前練習の時点では予想ができず、毎日のスタメン表が楽しみなのも、モチベーションになっています。試合前練習が終わり、食事をして、試合が始まる1時間前くらいにスタメン表が出ています。そこで今日のオーダーが初めてわかるんです。中嶋監督が最後の最後まで「最善のオーダー」をしっかり考えてくれているんだと思います。僕たちも最後の最後まで「誰が出るのかわからない」ので、みんな準備をしっかりしています。

いつも、試合前練習が始まる前のロッカーで「今日のスタメン」をみんなで予想しています。「今日、Tさん、あるっすよ！」と言ってみたり、福田周平なら「今日は俺あるかな？」とか言ってみたり（笑）。「昨日は○○の調子が良かったから、そのまま出るんちゃう？」と意外とみんなで盛り上がるんです。スタメンが誰なのかが気になったまま、気がついたら試合直前になっています。これも「中嶋マジック」なのかなと思っています。

多分、ファンの皆さんも一緒で、同じように試合前は予想されているんじゃないですか？　そこの楽しさも含めてすごいですよね、誰が出るのか、本当にわからないですし（笑）。僕らでも予測ができないオーダーを組まれているときがあります。「お！　今日、俺やん！」とか「あれ？　今日おらんやん！」とか……（笑）。みんな、スタメンが張り出されるホワイトボードを見るのを楽しんでいますね。

トモヤ（森友哉）みたいな「絶対的なレギュラー」もいますけど、そのトモヤでさえも、ちょっと休んだりする試合が何試合かあった。だから、本当にいろんな人にチャンスがある。モチベーションは必然的に上がりますよね。メンバー固定だったら出られない人はずっと試合に出られないですから。「はい、スタメン！」とホワイトボードに記されていて、そこでいきなりスタメンで出る選手もすごいですし、起用する首脳陣も本当にすごいと思います。準備の段階から試合に臨めている証拠です。

23年の日本シリーズで、福田周平がそうでした。第6戦までスタメン出場はなかったですけど、第7戦の一番大事な試合でスタメン起用されて3安打。周平はそれまでは全然、日本シリーズでの出番もなかったですけど、しっかりと準備はしていました。でも、スタメン表を見たとき、その瞬間だけはビックリしていましたね（笑）。ただ、あそこで3安打できるのはすごかった。彼の「執念」を感じましたね。

グラウンドを離れた中嶋監督は、ものすごく優しい方です。優勝旅行先のハワイでも、みんなが監督と写真を撮ってもらっていました。裏方さんもそうですし、選手の家族たちもみんなで記念撮影していました。僕は監督と「インカメ」で撮影させてもらったことがあります（笑）。最初は御堂筋での優勝パレードで撮ったんですよね。監督と同じパレードカーに乗ったときに、近くにおられたので「写真撮りましょう！」という流れで。めちゃくちゃ笑顔で、すごくうれしかったです。程良い距離感の監督さんです。

第6章

ホームラン王

親友と決めた「昇天ポーズ」

2020年に一軍の空気に慣れると、ちょっとだけ心の余裕も生まれてきました。確実性を意識していたので、一軍でのホームランは2本だけのシーズンでしたけど、オフになると〝親友〟のタイスケ（近藤大亮／現巨人）と〝決めポーズ〟の話題で盛り上がりました。当時、西武の山川穂高選手（現ソフトバンク）が「どすこい」をしたり、マッチさん（松田宣浩氏）が「熱男〜！」と叫んでいたり、ホームランを打った後のパフォーマンスが流行っていました。

そんな中での「昇天ポーズ」は、タイスケが「裕太郎も、なんかポーズしたら？」と言い始めたのがきっかけです。確かにオリックスには、あまりそういう文化がなかったんです。そこから2人で一緒に考えることになりました。まず最初に「ラオウってどんなポーズ？」ってところからです（笑）。ラオウだから「北斗剛掌波」を打つか、それともあの「昇天ポーズ」なのか……結構、念入りに話し合いましたね。最終的に「昇天ポーズのほうが簡単にできるし、ファンの方も含めて、みんなで拳を突き上げたら良い感じじゃない？」というタイスケの言葉を信じて、昇天ポーズにしました。

僕たちはコロナ禍で無観客試合も経験していました。だから、最初はテレビカメラに向かって昇天ポーズをしていました。ものすごく〝立ち位置〟にも気をつけて、ポーズを作っていました。映像を確認したとき、勢い余って拳が画面から飛び出ていたこともあったので（笑）。スタンドにお客さんが入るようになってから、カメラに向かってではなくて、応援席のほうに向かってポーズをするように変更。ファンの皆さんと少しずつ、いまの形を作り上げてきました。バッティングと同じで、日々の試行錯誤が大切なんです（笑）。

ただ、最初のほうは全然、浸透してなくて……。せっかくホームランを打ったのに盛り上がることなく、静かに1人で右拳を突き上げていました。それこそ開幕してすぐの頃は、ファンの方も「あれは何をしているんだろう？」というような反応だったと思います。そこからホームランを打つ度に〝認知度〟が増してきました。

僕が覚えているのは東京ドームでの日本ハム戦で、テレビ解説をされていた岩本勉さんの言葉です。試合前にご挨拶をさせてもらったら「もっと豪快に突き上げてほしい！」とお願いされたんです。その試合でホームランを打つことができたので、大きくバーンと拳を突き上げました。〝ガンちゃん〟が解説席にいたのは知っていたので。試合が終わって映像で確認してみると、岩本さんが「そういうことですよ～！」と褒めてくださっていました。「僕、言ったんですよ～。ラオウにね。もっとラオウらしく豪快にドーンって昇天ポーズをやってほしいって！」。ホームランを打って、ホームに戻ってくるときのコメントです（笑）。あの日から遠慮なく、ドーンと突き上げさせてもらっています。

振り返ってみると、あの5月11日のホームランは「看板直撃弾」。金子千尋（当時の登録名は弌大）さんから打てたうれしいホームランでした。東京ドームでの試合だったので、看板に打球が当たれば「何か」をくれるということだけは知っていました。打った瞬間、左中間に飛ぶ打球を見て「当たれ！」と思いながら走っていました。チームでは07年のタフィ・ローズさん以来、日本人選手では1997年のイチローさん以来の看板直撃弾と聞いてビックリしました。ただ、それ以上に驚いたのが、攻守交代で守備に就こうとした瞬間でした。

場内アナウンスで「先ほど看板直撃弾を打たれた杉本選手には『東京ドーム・ビッグボードホームラン賞』として賞金100万円の贈呈が決定しました」と流れたんです。ベンチを飛び出そうとしていた僕は「うおおおお！」と絶叫してしまいました（笑）。それもそのはずです。当時の僕は年俸1400万円。ドラフト10位で契約金2000万円、年俸600万円（金額はすべて推定）で、オリックスに入団させてもらった僕にとって、100万円はものすごく大きなお金でした。

試合後、記者の方に賞金の使い道を聞かれましたけど、あのときはコロナ禍で外食もできなかったので「福田に何か美味しいものをテイクアウトしようと言われたので、後輩のために注文します」と答えました。直前に岩本さんからラオウらしく「ドーン」と行けと言われていたのに、その場では〝本物〟の僕が出てしまって（笑）。ただ、これにはアマチュア時代のことが関係していて。社会人野球を経験した僕は「お金を稼ぐことの大変さ」を学びましたし、平日の社業後と土、日に「野球で生きていく」と必死にバットを振ったことも懐かしいです。JR西日本で勤務した輸送課は、悪天候や人身事故が起きてダイヤが乱れると指示を送る場所でしたけど、僕の主な業務は書類のシュレッダーやコーヒーシロップの買い足しなどでした。そんなこともあってか、「一寸先は闇。謙虚に、1日ずつ頑張ります」と、めちゃくちゃ真面目にコメントしてしまいました（笑）。

○○のおかげでした

21年は初めて一軍で〝完走〟できたシーズンだったので、毎日がすぐに過ぎた記憶があります。試合に出るのも楽しかったですし、良い結果が出た直後に取材を受けるのもうれしかったです。あと、あの頃は「○○のおかげでした」をシリーズ化していましたね。

最初は4月上旬のロッテ戦（ZOZOマリン）だったと思います。チーム宿舎のホテルをチェックアウトした後に、革靴を部屋に忘れてしまったんです。試合直前だったので、マネージャーさんに取りに行ってもらって……。大変申し訳ないことをしてしまったので、マネージャーさんのためにも「絶対に試合で取り返そう」と必死に打ちました。そこで21年の第1号となるホームランを打てて、本当に良かったです。

Tさん（T―岡田選手）の香水を〝勝手〟に借りると、なぜか調子が良くなる時期もありましたね。あるタイミングで試合前に「Tさん、香水を借りまーす！」と言って、何プッシュか〝頂きました〟。そうしたら、その試合（4月22日の西武戦）でプロ入り後、初めてのサヨナラヒットを打てたんです。その直前にTさんが二死満塁からライトフェンス直撃の3点スリーベースを打って、同点にしてくれていました。だから、すごくうれしかったですね。そのまま2人でヒーローインタビューも受けて、忘れられない試合になりました。

いまだから言えるんですけど〝勝手〟に使っていただけではなくて、実は、僕はTさんと同じディオールの香水を使っていたんです。全く同じものでしたけど、「Tさんの香水」を使うと調子が良かったので、そのまま借りていました。Tさんも「それで打てるなら、毎日使っていいよ」と許してくれていました。そして、もう一つ……Tさん、実は化粧水も勝手に使っていました（笑）。先輩、許してくださいね。

6月中旬には泰ちゃん（山岡泰輔選手）にも助けてもらいました。試合前の練習中に、バッティングのことを少し聞いたんです。投手に打撃を教わる野手って……。いえいえ、投手だからこそわかることもたくさんあるんです。あのときは「軸足（右）に体重を残そう」とアドバイスしてくれました。体が前（投手方向）に動いてしまっているので「一度、左足に乗せてから、その（位置の）まま足を上げるとブレない」と言ってくれて助かりましたね。さすが、山岡泰輔でした。

夏場を迎える頃には「借り物打法」をしていたこともありましたね。西武戦のビジターゲームで「B」って書いてある靴下を忘れてしまって……西野（真弘）さんに借りました（笑）。その日に打てたので「貸してくれた西野さんのおかげです！」と言った記憶がありますね。その後は、浅村（栄斗）さんモデルのバットが折れまくってしまい、メーカーに発注しているタイミングでは（吉田）正尚のバットも借りていました。
ほかにもメジャーの選手が「ピチピチユニフォーム」を着ているのがカッコよかったので、（後藤）駿太からユニフォームのズボンを借りて「ピチピチ」にしていたこともありますね。良い結果が出て、インタビューを受ける度に「みんな」の名前を出していました。〝借り物〟は結果で返さないと。それに……インタビューで自分の話ばかりしても面白くないので（笑）。みんな頑張っているから、自分も頑張れます。

ジョーンズのことを〝師匠〟と呼んでいた時期もありました。だけど、最終的には〝トモダチ〟と呼び合うように（笑）。もちろん〝打撃の先生〟なんですけどね。結構、難しい感覚だったんですけど、わかりやすいように「後ろのお尻を投球にぶつけるイメージ」とずっと言ってくれていました。練習からライナーを打つ意識で。いざ本番になれば、相手も本気で投げてくるので投球が強くなる分、飛距離が伸びると言っていました。その言葉で、僕も良い意味でリラックスして打席に入れるようになりました。ジョーンズのおかげですね。

こんなこともありました。10月15日に札幌ドームの日本ハム戦で打てた3ランもミヤビさん（松井雅人さん）のおかげだと思っています。当日は移動ゲームで、伊丹空港のスタバに行ったんです。そこでミヤビさんが「エスプレッソアフォガートフラペチーノ」を奢ってくれたんです。優しい先輩に「甘えた」結果、試合で豪快なホームランが打てました。ミヤビさん、ありがとうございました！

あこがれの舞台

21年は初めてオールスターゲームに出場するメンバーにも選んでいただきました。1試合目は代打で出場させてもらいましたが、緊張のあまり最初は〝マスコットバット〟で打席に立ってしまったんです（笑）。夢の祭典で、周りの選手がオールスター仕様のカラフルなバットを使っていたので、僕も持っているカラフルなバットで挑みました。試合前に出場させていただいたホームランダービーも、もちろんマスコットバットを振り回していました。結果は2本で初戦敗退……。あこがれの大舞台で力みまくってしまいましたね。

仙台に移動した第2戦はスタメンで起用していただきました。2回二死で回ってきた第1打席で、中日の柳（裕也）くんから左中間にホームランを打つことができました。試合前から「全打席ホームラン狙い」で臨んでいました（笑）。他チームのみんなからも「ラオウ」と呼ばれているので、なんとかホームランが打ちたかったんです。有言実行のオールスターゲーム初アーチの感触は完璧でしたね。打った瞬間に入ると思いました。あのとき、自分以外のオリックスの選手がみんな活躍していて〝居場所〟がなかったので、早く結果が欲しかったんです。しかも開催地の仙台はプロ初ホームランを打った思い出の場所でもありましたし、日本中の野球ファンの皆さんが僕のことを知るきっかけになってくれれば……と思って、フルスイングしました。

ホームベースを踏んで、ベンチのみんなとハイタッチしている瞬間に「いっぱいカメラがあるな」と感じました。だから「昇天ポーズ」をいつもよりも5秒くらい長めに……（笑）。存在感をアピールするチャンスは「ここしかない！」と思って、高々と拳を突き上げていましたね。打球速度は171キロだったみたいで、弾丸ライナーをかっ飛ばすことができました。

守備でも、フェンスにぶつかりながらジャンピングキャッチ。試合後には「敢闘選手賞」に選んでいただきました。ホームランを狙っていましたけど「打てなくても仕方ない」と思って、結果を気にせず、とにかく楽しもうと思ってプレーしたのが、最終的に良かったのかなと思います。

ドラフト10位入団のホームラン王

シーズンの後半戦は、白熱の優勝争いとタイトル争いを経験することができました。10月25日、ビジターでの楽天戦を鮮明に覚えていますね。ペナントレースの最終戦で、チームとしては負ければ優勝の可能性が遠のく試合。勝てば、ロッテの残り試合の勝敗次第となる試合でした。オリックスの先発は山本由伸。楽天は田中将大さんが先発でした。泣いても笑っても、あと1試合だったので、目の前の試合に勝つことだけを考えていました。その1試合が1年間の総仕上げだと思って、全打席全球集中。加えて僕にとっては「打率3割」と「初タイトル」が懸かった試合でした。

試合前の時点で32本塁打。2位の柳田悠岐さん（ソフトバンク）とレアード選手（ロッテ）が28本。数本の差をつけてトップに立っていましたけど、やっぱり怖かったです。2人とも、1試合で何本も打つことができそうなバッター。自分から見たら「鬼の格上選手」。実績もあるし、常にホームランが打てる選手ですから……。それに、その試合で僕は1本でもヒットを打てば「3割以上」が確定的。無安打なら打率3割に乗らず……という大切な試合でした。

もちろん何よりも「優勝したい」という気持ちが一番でした。僕が試合で打って、優勝に1歩でも近づけるのが理想でしたね。もう一つは「Tさんにタメ口が使える」という〝特典〟を狙っていました（笑）。Tさんが10年にホームラン王を獲得したときの本数が「33本」だったので、1本差。残り1試合でしたけど「（33本を）追い抜いたら、タメ口OK」と言われていたので、密かに狙っていました。21年は1試合2発が3度あったので、もしかしたら……と思っていましたけど、その日はホームランを打つことができず。でも、ヒットを1本打つことができたので、打率3割をクリアすることができました。

試合は由伸が完封して勝ち、僕たちは京セラドームで〝歓喜の瞬間〟を待ちました。最後の最後まで「優勝」と「ホームラン王」が確定しなかったので、ドキドキでした。21年の優勝は「無観客」で「待機V」でしたけど、応援してくださった皆さんも一緒に喜びを分かち合えたと思っています。レギュラーシーズンが終了し、ホームラン王も獲得することができました。後から知ったんですけど、ドラフト10位入団でのホームラン王は「球界史上最も低いドラフト指名順位」での〝キング〟でした。

シーズンが始まった頃はタイトル獲得なんて、頭の片隅にもありませんでした。自分が試合に使ってもらうことに必死で「レギュラーで試合にずっと出ていたい」と思っていました。開幕戦はスタメンでしたけど、シーズン序盤は試合に出たり、出なかったり

▲ 2021年のリーグ優勝。全員の力で勝ち取った25年ぶりの栄冠だった

の繰り返しでした。スタメンじゃない日は代打起用もありましたけど、最後まで試合に出られない日もありました。少しずつ一軍の投手や空気感にも慣れて、ホームランの数を重ねることができていましたけど、タイトルなんて全く意識していなかったです。20発くらい打てたタイミングで、上位の選手と「近いなぁ〜」くらいの感覚。それでも内心は「無理だろうな、届かないだろうな」と思っていました。

そこからトップの選手に本数で並んだくらいから「なんか、俺、良いな。もしかして行けるんじゃないか？」と感じるようになりました。１試合２発も３回あったので「調子が良いな」と感じることはありました。そのタイミングで「ここまで来たら、タイトルを獲りたい」と意識し始めました。気になり過ぎて毎日、ギータさん（柳田悠岐選手）とレアード選手の成績を見ながら、プレーしていました（笑）。

僕の目標は、まずは「30本」を打つことでした。29本目を打ったタイミングで残り試合が少しだったので、とにかく30号を記録したいなと。そのときに「Tさん（33本）を追い抜けたらな」と考えていたんです。結局、32本で1本届かずだったので、Tさんに「及ばんかったすわ～」と言ったら「まだまだやな」と言われましたけど（笑）。33発を超えたら「タメ口で喋りますね」と約束していたので、Tさんから「まだまだ敬語やな！」と言われてしまいました。ただ、これからも追い抜けるチャンスはまだあると思うので、「タメ口チャレンジ」をしていきたいなと思います。

「藤田さんのアドバイス」

初めて出場したクライマックスシリーズも興奮しました。一番ビックリしたのは、ファイナルステージ第2戦での「まさかの一言」ですね。6回二死一塁の打席に向かうと、相手投手がロッテの東妻（勇輔）選手に代わりました。投球練習中にバットを構えてタイミングを合わせていると、突然……通訳だった藤田（義隆）さんが歩いてきて「クイックが早いから……気をつけろよ！」と言われたんです。僕の次のバッターがランヘル・

ラベロだったので「ラベロに伝えてほしい」と首脳陣から言われていたみたいなんですけど、そのままの勢いで僕にも「クイック注意」を伝えていただきました。

もちろん、中嶋監督らベンチからのアドバイスだとは理解していましたけど、僕にはその事象が不思議過ぎて……不意にスタスタと藤田さんが歩いてきたのも面白かったですし、真顔での「クイック、気をつけて！」も笑ってしまいました。あ、僕に？　という感じで目を丸くして、そのまま笑いをこらえながら打席に向かいましたね。

でも、すごくありがたいことに、藤田さんの一言で「再確認」できました。その直後、初球のスライダーをかっ飛ばして、レフトスタンドに2ランを打てましたから。あの打席は間違いなく「藤田さんのアドバイス」でうまくタイミングが取れました。野球は、どこにヒントが転がっているのかわかりません。改めて周りの人に感謝したいです。

笑顔があふれたオフ

ＣＳを制して日本シリーズに進出しましたけど、ヤクルトに敗れました。第6戦、ほっともっと神戸で僕らは力尽きてしまいました。日本一になりたかったですけど、少しだけ遠かったです。ただ、次こそ日本一になりたい！　と本気で思えるようになった「黒星」でした。

シーズンオフになって、契約更改のために舞洲に向かうと、例年の3倍くらいカメラマンや記者の方たちが待っていました。毎年オフになると、携帯電話が鳴らないかビクビクしていた僕にとって、初めて安心して記者会見に臨めるときでした。

年俸は……なんと5倍！（あくまでも推定ですよ、皆さん）。134試合に出場して打率・301、32本塁打、83打点の成績を残せたので、胸を張って交渉に臨みましたけど、高く評価をしてくださって本当にありがたかったです。会見では「年俸が上がり過ぎて……昇天しながらハンコを押しました！」と冗談を言えるようになりました。これまでは真面目にコメントし過ぎていたので（笑）。印鑑を右手に持って、高く腕を伸ばす「押印ポーズ」まで〝リクエスト〟されたので、ノリノリで撮影に応じました。

プロに入ってからの5年間はずっと携帯電話の音を気にしていた時期。一時期は「非通知」の電話が偶然かかってきたり……ビビり倒していました。初めてホームラン王のタイトルを獲得できて、ベストナインにも選んでもらえたのは本当にうれしかったです。しっかり活躍できて、25年ぶりのリーグ優勝に貢献。正直、まさか……でした。ホームラン王は夢に見ていたタイトルでしたし、獲得できるとは最後まで思ってなかったです。僕はドラフト10位で社会人から入って5年間、一軍で結果が出せなかった。それでも契約をしてくれていたオリックス球団には本当に感謝しています。

契約更改の会見が終わるタイミングで、アナウンサーの方から「お決まりのセリフ」を求められました。ついつい「絶対、言われると思いました!」と〝ツッコミ〟を入れ「我が契約更改に、一片の悔いなし!」と声を張りました。自分でもサービス精神満点だったと思います(笑)。いつもより笑顔が多い「幸せなオフ」を過ごさせてもらいました。

第7章

日本一の頂へ

刺激をくれる存在

　チームとしては25年ぶりのリーグ優勝、僕自身もホームラン王を獲れた２０２１年のオフシーズン。いまとなっての反省になりますが「もっと調子に乗ればよかった」と思っています。22年は春先に思うような結果が残せず、苦しみました。一時は打率が1割を切って、９分９厘に。背番号に並んでしまいました。あんなに極度の打撃不振は初めてのことでした。

　でも、いまは「改善点」がわかっています。ホームラン王を獲得した翌年だったので「謙虚」になり過ぎていました。もっと堂々と良い意味で〝お調子者〟になれれば良かったんですけど、結果にこだわって本来の姿を見失っていました。ガンガン打ちにいけば、良い結果が出るかもしれないのに、どこかで丁寧になり過ぎていたんです。「空振りをしないように」「ミスショットをしないように」「ボールを最後までしっかり見よう」「全部を逆方向に打ち返す」とか……。自分を苦しめることばかりしてしまっていました。

ラオウのキャラクターとは全く反対で、どこか置きにいっていました。結果が出ないことを恐れてしまっていたんです。反省は「決めごとを作り過ぎた」ことと「消極的」だったことです。だからこそ、もっと調子に乗れば良かった。豪快にバンバン打っていけば良かったと思っています。

そんなとき、いつもポジティブで尊敬しているのが「シュウヘイ」です。第6章では近藤大亮（現巨人）が出てきたので、ここでは改めて、福田周平を紹介したいと思います（笑）。周平は1学年下ですけど、もはや「友だち」のような存在です。僕は右打ちで190センチ、104キロ（公称）。周平は左打ちで167センチ、70キロ（公称）で、全然タイプが違います。でも、だからこそ〝刺激〟がもらえるのかもしれません。

背番号も「99＋1＝100になる」とファンの方から言っていただいて「ワンハンドレッド」や「ラオ福」というコンビも組ませてもらっています。練習中やプライベートでも自然と一緒にいることが多いです。特に理由はありませんけど、居心地は良いですね。でも、イチャついているわけではないですよ、あいつが勝手に寄ってくるだけなんで（笑）。周平とはバッティングの話をよくします。球種やコースの待ち方、相手投手の特徴とかですね。第5章で話したように、あいつ、めちゃくちゃメジャーリーグにも詳しいので、それを僕はよく聞いています。

完全試合の最終打者に

周平といえば、2022年4月24日のロッテ戦（京セラドーム）、佐々木朗希投手から初回先頭打者で打ったライト前ヒットが印象的ですね。その2週間前、10日のロッテ戦（ZOZOマリン）で、僕たちは「完全試合」を達成されてしまいました。ベンチスタートだった僕は9回二死からの代打でした。あの回はケイタ（中川圭太）、山足（達也）、僕の全員が代打でした。ベンチ裏で〝作戦会議〟をして、僕が3番目に行くことになりました。

スタメンじゃなかったので、ベンチからずっと佐々木くんの投球を見ていましたが、明らかに「いつもと違う光景」が目の前に広がっていました。普段は全然、三振をしない(吉田)正尚や周平が何回も三振していて……。あの日の佐々木くんは本当にやばかった。そう、みんなが言っていました。

僕は首脳陣に7回くらいから「最後に出番があるかもしれないから、準備を頼んだ」と伝えられていました。その後〝作戦会議〟をして、いつの間にか僕は3番目になっていました。9回の攻撃が始まるときに「前の2人がアウトになったら、俺が最後のバッターやんか……」と、頭をよぎりました。

同時に、もし僕が最後に打てば「スタジアムがしらける」のもわかっていました。でも、開幕から結果を残せていなかった自分の立場的には「絶対に打たないといけない場面」でした。スタメンで出ている状況でもなかったので。とにかく本気で打ちにいったんですけど、全然ダメでした。特にフォークはバットに当たる気が全くしませんでした。ZOZOマリン特有の風と、彼の絶好調が重なってフォークの軌道が見えなかったんです。〝消える〟というよりか、最初から見えなかった。ストレートもすごい投手なので、もちろん頭に入れていましたけど……。僕はフォークの３球勝負で空振り三振でした。

完全試合を達成されて、みんなが悔しい思いをしていました。その２週間後に〝リベンジ〟の機会。そこで先頭打者の周平が、いきなりヒット……。あれには痺れました。完全試合された後だっただけに、みんなで「絶対にやり返すぞ！」という感じで試合に臨んだ瞬間にヒット。やっぱり「あいつ、すごいな」と再確認しました。普段から顔を合わせて話していても常にポジティブで、僕とは全然違うタイプ。マイナスに捉えない能力があって、僕とは正反対なので本当に勉強になります。

「野球の神様」からの伝言

その後も僕は全然状態が上がらず、一時期は「正直、いまは野球が楽しくない……」とも思っていました。周りからは〝２年目のジンクス〟とも言われていましたし、打開策が見当たりませんでした。心の中では「３割、ホームラン王……きっかけさえあれば立ち直れる」と思っていましたけど、なかなか出口が見当たらない。そんな中、ようやく状態が少し良くなってきたタイミングで「新型コロナウイルス」に感染してしまいました。4月下旬のことでした。隔離生活中、ベッドに寝転んで天井を見上げると、ふと考えました。野球の神様から「しばらく野球をするな」と言われている気がしたんです。だから、あの期間は思い切って野球から離れてみました。一軍戦の映像はチェックしていましたけど、それ以外は野球関連の話題を完全に頭から消していました。「ゼロからのスタート」だと思ったんです。野球を〝シャットアウト〟して、アニメの『HUNTER×HUNTER』を、ずっと見ていました（笑）。完全に熱中して、良い意味での切り替えができたと思います。

コロナ感染から復帰後は〝再開幕〟の気持ちでシーズンに臨んでいました。セ・パ交流戦で良い結果も出て、交流戦打率12球団トップの・391を記録。交流戦の最終打席でヒットを打つことができて「交流戦首位打者」になることができました。9回二死の状況から、もう1打席を回してくれたケイタ（中川圭太）に感謝しかありません。

シーズン開幕の頃に比べると、スイングも思い通りにできるようになっていました。コロナ感染前は本当に苦しかったです。これでもか、というくらい全然打てなかったので。良い当たりを飛ばしても、野手の正面。芯で捉えて「これはスタンドまで行ったやろ！」と思っても打球がフェンス手前で失速……。あのときは、マジで野球が面白くなかったです。

ヘルメットに秘策

でも、いつまでも下を向いていてはダメなので〝秘策〟を準備していました。チームスローガンが「全員でW（笑）おう‼」だったので、そのステッカーをヘルメットの裏に貼って、打席に入る前にいつも見ていました。ステッカーは開幕前に誰かが配っていたのをもらいました。サイズ的にもヘルメットのつば裏にちょうど良かったので、すぐに貼りましたね。苦しんでいたときも「全員でW（笑）おう‼」を何回も見て、自分に「笑えるように楽しもう」と言い聞かせていましたね。でも、打率が背番号に並んだときは……笑えなかったです。

周囲にいる僕の仲間は、本当に温かいです。打てなかったときも、みんながベンチで励ましてくれていました。早出練習に取り組んでいるときは裏方のスタッフさんも手伝ってくれますし、監督もコーチもよく声を掛けてくれます。ファンの皆さんの声援も、小さくなったりしません。ホームランを打てば、笑顔で「昇天ポーズ」をスタンドで一緒にしてくれる。あの瞬間が本当に幸せです。しんどいときに寄り添ってくれるみんなに、まだまだ恩返しをしていきたいと思っています。

その昇天ポーズが「ああ、浸透したんだな」と思う瞬間がありました。オフの野球教室のことです。少年と本気の対決をして、僕は金属バットで左翼席に放り込みました。かなり大人げないんですけど、ものすごく喜んでしまいました（笑）。僕がウキウキ気分でホームインした瞬間、少年少女に「せーの！」と言うと、その場にいた全員が「おー！」と、拳を突き上げてくれたんです。めちゃくちゃ気持ちが良かったですね。こんなに昇天ポーズが定着してくれているのかと実感したシーンになりました。

もちろん、ホームランを打った瞬間も気持ちが良いですが、僕は三遊間の深いゴロを全力で走り抜けて内野安打にできた瞬間が一番気持ち良いです。いつも心掛けている全力疾走で〝もぎ取った〟ヒットはまた違う味がします。21年は結果的に、その姿勢の積み重ねで打率３割に届きました。思い切り走って、セーフになれば球場も盛り上がってくれます。良い当たりが野手の正面に飛んでしまうとアウトになってしまいますけど、全力疾走を心掛ければ、打ち損じても〝結果〟はわからないものです。

大逆転優勝の夜

22年は「大逆転優勝」でした。僕たちのレギュラーシーズン最終戦は10月２日の楽天戦（楽天生命パーク）、優勝を争っていた首位のソフトバンクがロッテ戦（ＺＯＺＯマリン）でした。オリックスは「勝利」した上で、なおかつソフトバンクが「負け」ないと優勝できない状況でした。その日はスタメンではなく、代打での出場でしたけど、ものすごく緊張しました。4回に2点を先制されましたが、5回に（伏見）寅威さん（現日本ハム）のタイムリーと周平の逆転タイムリーで3点を奪いました。ドキドキの試合は、9回にも2点を追加して5対2で勝つことができました。

オリックスの試合終了が21時25分。ソフトバンクの結果は……と気になっていたタイミングで、電光掲示板にZOZOマリンの試合が映し出されました。ロッテが5対3の2点リードで最終回……そして、その2分後に試合終了。この瞬間、オリックスの2連覇が決まりました。

最終的な成績はオリックスもソフトバンクも76勝65敗2分けの勝率・539で、全く同じ結果に。直接対決で上回っていたので、僕たちの優勝になりました。そして、2年連続「マジック点灯なし」でのV。最終戦まで順位がもつれる熾烈な展開で、消化試合も1試合もありませんでした。当時は必死にプレーするしかなかったんですけど、振り返ってみると歴史的なことですね。

大喜びで仙台の宿舎に戻って、ビールかけが始まりました。終わったのが深夜1時半過ぎ。連覇できてうれしかったですけど、僕は何回か二軍に落ちたり、スタメンから外れたりして、少し苦しい状態が続いていました。「最後は絶対に打って、日本一になって、気持ち良くシーズンオフを迎えたい！」。本気でそう思ったので、ご褒美のプリンをコンビニに買いに出掛けてすぐに部屋に戻りました。そのあと、僕は自分の部屋でバットを振っていました。悔しくて、少しだけ苦しくて、眠れなくて……。バットを持った理由は「CSと日本シリーズで挽回のチャンスがある」と考えたからです。

大逆転優勝を決めた試合で、僕は代打でレフトにツーベースを打ったのですが、あの打席の感触を絶対に忘れたくなかった。だから、部屋に戻ってもバットを持っていました。キーワードは「左足の着地点」。前（投手方向）に踏み込み過ぎないように何回も確認しました。

僕が調子を崩すときは、上体が投手方向に倒れて左足の着地点が前に出るんです。その癖を認識しているからこそ、部屋で感覚を確かめたかったんです。ちなみに仙台で胴上げをした後から、CSファイナル初戦で打席に入るまで、グラウンドで打撃練習はしていません。ずっと室内練習場に〝閉じこもって〟いました。理由は「打球の飛距離を見ないように」です。CSでも日本シリーズでも活躍して、チームの中心にいたい。そう思ってバットを振っていました。

うまく調子の良さをキープでき、CSファイナルステージ第2戦では〝コトイチ（今年一番）弾〟を打つことができました。2対2の5回一死二塁から、ソフトバンクの大関（友久）投手の初球の148キロ直球をジャストミート。渾身の一振りだったので、思わずバットを立てて余韻に浸ってしまいました。レフトスタンドに着弾する前に、スタンドインを確信していましたね。スタスタと歩きながら、一塁側ベンチに「Vサイン」をしていましたから。勝ち越し2ランを打って、ベンチに戻ってくると、球場全体が昇天ポーズをしてくれました。最高に気持ちよかったです。

第1戦でも結果が出ていたので、2試合で7打数5安打の打率・714。2日連続でお立ち台に上がらせてもらいました。シーズンでの悔しい気持ちを少しは晴らすことができました。でも、もっと謙虚に〝コトイチ〟は更新したいと思っていました。

驚きのニュース

ＣＳを勝ち抜いて、２年連続で日本シリーズへ。２度目の挑戦だったので、絶対に日本一になりたかったです。日本シリーズ直前には驚きのニュースが飛び込んできました。深夜のラジオ番組で「明石家さんまさん」が、僕のことを話してくださったんです。さんまさんはテレビのスターで、いつも司会をされているイメージでした。ずっと周りを見て喋って、明るい雰囲気で進行されているのが、本当にすごいなと思っていました。

そのさんまさんがラジオで話題としたのが、実は本名が同じ「杉本（高文）」だということでした。僕も「ラオウ」で浸透してきていましたし、さんまさんは「さんまさん」ですから（笑）。それまでは苗字を知らなかったとお話をされていましたけど、さんまさんに知ってもらえているだけでうれし過ぎました。心が躍りましたね。

日本シリーズ序盤は劣勢でしたけど、３連勝で26年ぶりの日本一に王手をかけました。３勝目を飾った第６戦。僕は試合前の円陣で〝名言〟をお借りしました。阪神の新監督に就任されることになった岡田彰布監督の言葉「アレ」を使いました。「あと2勝で〝アレ〟なんで、みんなで御堂筋でパレードしましょう!」。流行りに乗っていくのが大切だと思ったので。みんなも笑ってくれたので安心しましたね。

試合は接戦でした。0対0の6回二死一、二塁から、タイムリーを打つことができました。一塁ベース上で思わず昇天ポーズをすると、拳のグーから2本指を三塁側ベンチに突き出してVサインをしていました。目の前で(吉田)正尚が申告敬遠されたんですけど〝想定内〟でした。あの場面は自分で勝負してくると思っていましたね。「日本一のバッター」の後ろを任されていたので、正尚の敬遠は仕方ないです。ある程度、心の準備はできていたので、いつも落ち着いて打席に入れていました。中嶋監督が正尚の後ろに僕を置いてくれている意図は理解していました。

もし僕が相手バッテリーだったとしても、正尚との勝負は避けます。正尚とはまともに勝負したくないです(笑)。だから、四球で歩かせることが多くて、僕にチャンスで回ってくることがたくさんありました。最初のほうはちょっと嫌だなぁと思っていましたよ。

舐められているなと。でも、冷静に考えると、正尚と勝負しないでしょう。だから途中から慣れてきて、正尚が歩かされるのは「当然」だと思えてきたんです。

むしろ、そこで僕が打てば、チームが勝つ確率が高くなりますし、自分にも打点がつくのでラッキーだという考え方に変わってきました。同じヒットでも、ランナーがいない状況と、得点圏での1本は重みも変わってくるので。チームが勝つためには打点を多く稼ぐことが大切になってきます。プレッシャーはかかりますけど、打てば点が入る展開はラッキーなんです。

日本シリーズMVP

日本一に王手をかけた第7戦の当日。手の届くところに日本一がありました。「ここまで来たら気持ちの戦い」だと自分に言い聞かせ、どんどん攻めていこうと思っていました。試合は太田椋の「初回初球先頭打者弾」で幕を明けました。めちゃくちゃ勇気がもらえた1点でした。先発は宮城（大弥）。プロ年数も浅いはずなのに、堂々とした投球で勝ち星を運んできてくれました。最終回はワゲスパックが締めてくれて、1996年以来、26年ぶりとなる悲願の日本一に輝きました。

マウンド付近に集まって、みんなで中嶋監督を胴上げ。本当に良い景色でした。22年限りでの勇退を決められていた宮内義彦オーナーも胴上げすることができ、最高の結末を迎えました。そして、最後のセレモニーでなんと、日本シリーズMVPを獲得することができました。自分の名前が呼ばれた瞬間「うおおぉ！」とベンチで叫んでしまいましたね（笑）。10月中旬のCSファイナルステージでも1、2戦目で勝利打点を挙げてヒーローインタビューを受けていたので「MVPあるかも」と思っていたんですけど、正尚に持っていかれたので、表彰式で〝ズッコケ〟てしまいました。「日本シリーズこそMVPを！」と思って決戦に臨んでいたのには「ある理由」もありました。

自宅に新しいテレビを購入したかったんです（笑）。レギュラーシーズンが終わるくらいのタイミングで家のテレビが壊れてしまい……。10年ぐらい前に奮発して結構大きいサイズのテレビを買ったんですけど、壊れてしまったんです。CSファイナルで活躍できて、MVPに選ばれるものだと思っていたので「新しいテレビが買える！」と喜んでいただけに〝取らぬ狸の皮算用〟になっていました。

お給料で買いに行こうかなと思ったんですけど、短期決戦に集中するタイミングだったので「新品」の購入は控えました。その心構えが良かったのかもしれません。日本シリーズMVPに選んでいただいて、ようやく新しいテレビを買うことができました。インスタグラムにも、うれしくなって「#テレビ買える」と書き込みましたね（笑）。僕はテレビを見たり、ゲームをしたりするのが好きなので、欠かせない家電です。いままでは迫力の大画面で満喫しています。ビールかけ終わりの仙台の夜で誓った「楽しくオフシーズンを迎える！」という目標をクリアできて良かったです。

カンペの「何卒」

出会いがあれば、別れもあります。青学大時代から、ずっと仲良くしてくれていた正尚が、ポスティングシステムを利用してメジャーリーグに挑戦しました。レッドソックスへの移籍が決まったときに送別会をしましたね。寂しさもありましたけど、夢を追ってのトライ。心の底から「すごいな」と思いましたし、離れても仲間です。僕は誰よりも応援していると思います。

ただ、正尚がいなくなって1つだけ困ったことがあります。これは完全に予想外だったんですけど、僕が「選手会長」を引き継ぐことになったんです。話し合いは何回かあったみたいなんですけど、僕はそのことを全然知らなくて……気づいたら選手会長になっていました（笑）。ちょっと反抗はしたんですけどね。ただ、決まった以上は良いチームにできるようにしたいなと思いました。自分のことだけじゃなくて、チームのことも考えて。それでも僕は引っ張っていくようなタイプではないと思っているので、みんなの力を借りたいなと思っています。前任者の正尚から見習うべきポイントは、意外と人前で話すのが上手だったので「参考」にさせてもらおうかなと思っていました。でも、みんなの前で話すことは、やっぱり難しいです(汗)。

新選手会長に就任して、初めての「お仕事」はファン感謝イベントでの新選手会長による挨拶でした。僕は自信がなかったので、広報の町（豪将）さんに〝協力〟してもらって「カンペ」を作っていたんです。紙を持って話していいという雰囲気だったので、本番まで少し余裕が生まれていました。実際、本番もスラスラと挨拶ができていたので良い感じだと思っていたんですけど……なぜか、京セラドームが笑いに包まれていました。自分では真面目に進行できていたので「なんで笑われているんやろう？」という感じでしたね。後から確認したら「何卒よろしくお願いします」の「何卒」を「なにそつ」と読んでいたんです。本当は「なにとぞ」らしいですよ（笑）。カンペに何卒と書いてあったので、そのまま「なにそつ」と読んだだけなんですよね。本当に知らなくて。それでも結果的にネタになってくれて「掴みはＯＫ」って感じではないでしょうか？　球団にグッズまで作っていただけましたし、ご愛嬌で許してください(笑)。

激走のランニングホームラン

3連覇を目指した23年はチームにとって大きな「変革」の年でした。正尚が抜け、トモヤ（森友哉）がＦＡで西武から入ってきてくれました。「常勝軍団」を目指しているオリックスは毎年、少しずつ「違うチーム」になってきています。誰かが抜けても、また新しい誰かがやってくる。僕も在籍年数が長くなってきて「強くなったな」と実感しています。

選手層が分厚くなってきましたし、競争はすごく激しいです。誰がレギュラーなのか、全くわからない状態ですし、誰が試合に出ても活躍する準備ができています。真剣勝負のスポーツなので、ケガをしてしまう選手もいますけど「誰かがいなくなっても誰かがカバーする」ことができるようになりました。ほんの少し前までは、正尚が打てなかったり、四球で歩かされたりしたら得点が入らない空気感がありましたけど、いまは本当にみんなが打つ。主軸が歩かされても他の選手が打ってくれる。大きく、強く進化したチームだと思っています。僕もチームに貢献できるように、もっともっと頑張らないといけません。

ただ、薄々は気がついていたんですけど、僕はヒーローインタビューを受ける回数が多いほうだと思います。過去には3日連続でのお立ち台も経験しています。22年、23年はそこまで成績は良くなかったのですが、お立ち台に上がった回数や決勝打は多かったはずです。21年に比べると打点も多くないですし、得点圏打率もそこまで高くないのに決勝点は意外にも多い。9月20日のロッテ戦（京セラドーム）、3連覇決定の試合も先制タイムリーを打つことができたので、試合後にお立ち台が〝あれば〟可能性は十分にありました。

良い場面で僕が打てば、その後に投手陣が抑えてくれる流れもあります。タイムリーを打った直後に味方の投手陣が逆転され、ヒーローじゃなくなったことはかなり少ないです。そのままの流れで勝ち星を取れる確率のほうが圧倒的に高いです。僕は恵まれていると思います。

23年は〝激走〟もありましたね。京セラドームで行われた6月28日のロッテ戦でした。2点リードの7回無死一、三塁。小島（和哉）くんのチェンジアップにタイミングを合わせると、打球がグングン伸びていきました。あの時期は結構、バッティングの状態が良くなっていたので、カウントを追い込まれて〝泳いだ〟スイングになってしまったんですけど、左翼フェンス直撃の打球を飛ばすことができました。

フェンスに当たったときは「二塁打は確定だな」と思って走っていました。でも、フェンスで跳ね返った打球を見ると「三塁行ける！」と思って、全速力で走りました。三塁のランナーコーチの梵（英心）さんを確認するとギャンギャンに腕を回していたので、僕は速度を緩めることなくホームまで行きました。

返球よりも早く、ホームにスライディングすることができて、まさかの「ランニングホームラン」に。球場全体が大盛り上がりで、僕も生還した直後に両拳を突き上げて喜んでいました。ダイヤモンド一周を全力で走るのは……キツい（笑）。かなり息を切らしていましたけど、大事な場面で〝3ラン〟を打つことができて良かった。ベンチに帰るとみんなから「ホームラン！　ホームラン！」とライトスタンドを指さされていたの

▲ 2023年6月28日のロッテ戦でのランニングホームラン。ラオウの激走に京セラドームは大歓声に包まれた

で、そこで気がついて「あっ、あれをやらないと……！」という感じで、昇天ポーズをしました。全速力でホームにスライディングしたので、そのときは打ったのは自分じゃなくて、誰かのタイムリーでベンチにかえってきたと思い込んでいたんです（笑）。思い出深い1本になりました。

海を越えたサプライズ

7月中旬、僕は〝とある〟サプライズを水面下で計画していました。メジャーで活躍する正尚の誕生日が7月15日だったので、オリックスのみんなにお願いをして「バースデームービー」に協力してもらいました。シーズンも前半戦が終わって、折り返し地点だったので「そろそろホームシックになっていないかな？」と思って企画しました（笑）。

アメリカ時間で7月15日の夜、シカゴでのカブス戦を終えた正尚に〝内緒〟でムービーを届けました。チーム宿舎のロビーでパソコンをパカっと開いてもらって「締め切りが今日までのムービーがあるんです……」と伝えてもらうプランも大成功（笑）。真剣な表情でパソコンを見つめる先に「正尚、誕生日おめでとう！」と、みんなが飛び出してくるサプライズでした。
30歳の節目でしたし、アメリカで少しでもリラックスできればいいなと思って計画していたので、ニヤニヤとムービーを見てくれていたようで良かったです。ちなみに、僕は企画者なので、ムービーの最後に登場。裏方のスタッフさんたちも登場するムービーに参加してくれたのは総勢21人でした。みんな、ノリノリでメッセージをくれましたね。ああいう企画は僕たちも面白いですし、無事に成功して良かったです。

そんな正尚がいなくなったオリックスでしたけど、順調に勝ち星を積み重ねていきました。9月20日のロッテ戦に勝利して、京セラドームで歓喜の胴上げ。リーグ3連覇を、試合に勝利して本拠地で決めました。中嶋監督や平野（佳寿）さんが宙を舞った後、選手会長の僕も胴上げをしてもらえました。初めての経験でしたし、まさか胴上げをしてもらえると思っていなかったのでうれしかったです。あまりにうれし過ぎて、宙を舞っている写真をインスタグラムのアイコンにしているくらいです（笑）。

胸に響いた中嶋監督の言葉

待ちに待ったビールかけ。選手会長なので挨拶を任されましたけど、ここでは「カンペ」を持ち込めないので緊張していました。結構前から「何を話そうかな？」と考えていましたが、その必要はなかったみたいです。僕が喋っているタイミングで、なぜか急にビールかけが始まっていたんです。みんなうれし過ぎて、待ちきれなかったみたいでした。「スタッフの皆さん、本当にありがとうございました！」と伝えようと思っていたんですけど、それを言う前にもう最高潮に盛り上がっていました（笑）。

思いっきり喜んだ夜、帰り道に「涙の夜」を思い出しました。8月18日の夜、僕はハンドルを握る手がピクピク震えていました。結果が残せず「二軍落ち」が決まった直後でした。中嶋監督から「いまのままだと無理。下でもがいてこい。このままだと終わるぞ」と言っていただいたんです。

厳しく聞こえるかもしれませんが、僕にとって、あの言葉は愛情でした。中嶋監督から「このままだと終わるぞ」と言われたときにハッとしたんです。若い外野手の名前がポンポン頭に浮かんで「まだまだ終わりたくない……」となったんです。オリックスは未来あるチームですけど、僕もまだまだ活躍したい。誰が相手でも負けたくない。危機感は常にあります。だからこそ、中嶋監督が素直に伝えてくれたことが、どれだけ幸せなことか理解していました。

正直、結果が出ない日は苦しいです。でも、僕はあきらめちゃいけないんです。あきらめるのは簡単だけど「期待に応えたい」と思う気持ちのほうがはるかに強いです。僕をここまで引っ張ってくれたのは中嶋監督なので。絶対に恩返しがしたい。あのときの僕にとって、これ以上ない言葉でした。ハッキリ言ってくれて……後から込み上げてきたんです。頑張るしかないなと。ファームで調整する時間を与えてくれた。這い上がるしかなかったんです。

翌朝、早く起きて舞洲に向かう途中で思いました。「来年になったら、また新しい戦力がどこかから来るかもしれない」。半年後、広島から西川龍馬選手がＦＡで新加入しました。オリックスは間違いなく進化していくチーム。その中で僕自身も進化していかないと、取り残されてしまう……ずっとそう思っています。

僕だって人間なので、朝起きて、球場に行きたくないなと思う日もあります。体が重たくて、動けないいんです。思うように結果を毎日残せたら良いんですけど、そんな簡単にうまくいきません。自分に言い聞かせるように起き上がって、車に乗って……。運転中は音量を上げて、歌うしかない日もあります。気分を乗せるためです。なんとか自分に打ち勝って、球場に着いたら仲間がいる。みんなの顔を見たら「よし、頑張ろう！」と思えるんです。

選手会長にもならせてもらったので「お前が選手会長になった途端、弱くなった」と言われるのは嫌でした。正直、正尚がいなくなった後に、それも２連覇した直後に選手会長をするのはプレッシャーがありました。「このタイミングで大丈夫かな？」という不安は常にありましたね。でも、考えても解決できない問題もあるんです。美味しいご飯、甘いスイーツを食べて、忘れるしか方法はないです（笑）。

託した代役

10月中旬になると、ロッテとのＣＳファイナルが始まりました。第４戦に３対２で競り勝ち、３年連続での日本シリーズ進出が決まったんですけど、僕は絶望の中にいました。８回の打席で左足を負傷して、走ることができなかったんです。そして、僕は期間中４試合で打率・４２９の成績を残してＭＶＰに選ばれていました。

ベンチ裏でアイシングをしているときに、広報の方から「ＭＶＰで表彰される」と聞いたんですけど、僕は歩けなかったのでダメだな……と。表彰式に自分が出られない状況になって「どうしようかな」と一瞬考えました。「代役は誰にする？」と言われたので「石川亮で！」と〝即指名〟しました。

彼は本当にキャラクターが良いので、和むかなと。僕がケガをしてしまって、球場もザワザワしていた雰囲気だったので、空気を良くしてくれるはずだと思って選びました。

本当は自分で受け取りに行きたかったんですけどね。石川に頼んだときは「えぇぇ⁉」と恥ずかしそうにしていました。だけど、本番になるとノリノリでMVPのボードをもらっていて、面白かったですね（笑）。さすがの石川亮でした。

CSを制して雰囲気良く日本シリーズに向かおうという流れでしたけど、診断結果は左足首の「腓骨筋腱脱臼」でした。あのとき、打席で「ブリッ」という音がしたんです。その瞬間に「あ、日本シリーズはダメだな」と思いました。でも、いろんな人のサポートがあって、なんとか出場することができました。

予想もしてなかったスタメン

3度目の日本シリーズはケガもあったので〝メンバー外〟の日々でした。試合前練習が終わると、水本ヘッドコーチから「今日は〝あがり〟だけど、しっかり準備しておいてくれよ～！」と言われていました。実際、僕は左足首を負傷していたので「なかなか出番はないだろうな」と思っていました。まずはベンチに入れるかどうかというところで、あっても代打起用で1打席かなと思っていました。〝あがり〟の日はベンチ裏で試合を見たり、ロッカーで映像を確認したりしていましたね。

驚いたのは甲子園に球場を移した火曜日の第3戦、練習終わりのことでした。中嶋監督から急に呼び出され「甲子園の3戦目、行くぞ!」と伝えられました。僕も〝あがり〟ではなく、出場したかったので「わかりました! ありがとうございます。代打ですか?」と聞いたんです。そしたら真顔で「いや、レフトで」。その瞬間の僕は頭の中には「?」しかなかったので「マジですか?」と聞き返してしまいました。

その日の練習では外野で打球を追いかけていたので「え……? 監督、僕の打球を追いかける姿、見ていましたよね?」と尋ねてしまいました。中嶋監督は「おん。見ていたよ」と。僕は心の中で「動けない姿を見ていたのに、レフト?」と思っていました。すると、中嶋監督は「別に守備が下手な助っ人選手とそんなに変わらないから大丈夫だろ」と冷静に言ってくれました。

動揺していたのは僕だけで「でも……打球が飛んできたら、やばいですよ？　ピッチャーに迷惑がかかりますし……」と勇気を出して言葉を並べました。間髪を入れずに中嶋監督は「だってお前、代打やったら全然打たへんやん。ラオウを代打で使ってもどうせ打たん。それだったら3打席くらい立って、ガバーンと行ったればええねん」と。僕は頷くしかなくて「マジっすか、わかりました」と言いました。

負傷したときよりは、少しだけ走れるようにはなっていましたけど、毎日、痛み止めの注射を打っていました。中嶋監督は笑いながら「アドレナリン出るから大丈夫やろ」って。ほんまに言っているのか、冗談なのかわからなかったですね（笑）。

迎えた第5戦、メンバー表を見て「え？　ラオウがレフトやん。マジ？」と、みんなが仰天していました。全員がビビってました。僕も代打だと思っていましたから。監督から「レフト」だと言われても、ずっと。もちろん準備はしていましたけど、セ・リーグ主催試合で投手のところで出ていく代打だと思っていました。だけど、火曜日に言われていたので、気持ち的には余裕がありました。

そもそも、負ければ終わりの短期決戦で、3戦目の試合前に5戦目のオーダーを想像しているのがすごいなと感じましたね。投手のローテーションのことならわかりますけど、野手ですからね。もはや、怖いです（笑）。

届いた大声援

第5戦は試合には負けてしまいましたけど、甲子園独特の〝あの大声援〟の中でプレーできたことは幸せでした。レフトを守っていたとき、阪神ファンのチャンステーマの圧力にビックリしましたね。シーズン中、ビジター球場で外野を守っていると、ZOZOマリンの声援もすごいんです。だけど、いつもレフトの真後ろには、オリックスファンがいてくれているので、その真後ろの角度以外から聞こえてくる感じです。

そんな中、甲子園は本当に360度。どの角度からも爆音が響いてくる感覚です。ただ、元々、阪神のチャンステーマは好きだったので「カッコええな」と思いながら守っていました（笑）。でも、それよりも頭が上がらないのはオリックスファンの皆さんです。お世辞抜きでハッキリ言いますけど、座席の人数も限られていたのに、よくあんなに声を張ってくれました。本当にありがとうございます。オリックスファンの皆さん、レフトスタンドの2ブロックくらいでしたよね？　めちゃくちゃ声が届いていました。試合中のベンチもみんなで、そう言っていましたから。「人数はあれだけやのに、バリバリ声出てるやん……」という感じで。本当に元気をもらえました。

気持ちを切り替えて第6戦へ。京セラドームに戻ってもまたレフトでした（笑）。「えっ、DHちゃうのん？」と、正直思っていました。由伸が〝日本最後の投球〟で第7戦に望みをつないでくれました。マジでカッコ良過ぎた……。

続く第7戦はDHでした。それは置いておいて、僕は「最後のバッター」になってしまいました。9回二死から、目の前で頓宮（裕真）が打った瞬間〝ソレ〟とわかる会心の打球で、確信のアーチを描きました。あの一発はやばかったですね。アレ、頓宮史上で一番ものすごい打球だったんじゃないかなと思います。ネクストバッターズサークルから見ても、快音でしかなかったです。目の前でものすごい打球が飛び出しましたけど、僕自身はホームランで続こうという気持ちはなかったです。アウトになれば試合終了の場面だったので、次につなぐ気持ちだけでしたね。

僕も打った瞬間の手応えは完璧でした。正直「スタンドまで行った」と思っていました。「入った！」と思ったら全然飛んでいなかったんです。ちゃんと捉えた感じだったんですけど、実際のところは足が踏ん張れておらず、力が全然入っていなかったんだと思います。目の前で頓宮がバコーンと放り込んで、勢いとしては自分も続いたつもりでした。だから、ノイジー選手がキャッチしたのを確認してしまったときは、本当に悔しかったですね。「あと1勝」が遠かったです。でも、3年連続でどのチームよりも長いシーズンを送れて、誇らしく思っています。

書籍特別企画

（取材・構成＝真柴健）

仲間が語る素顔のラオウ

第8章

僕だけが自分の話をしていても面白くないので、
この章ではちょっと趣向を変えて
「ラオウの素顔」をよく知る人たちに〝証言〟してもらいました。
「自分ってそんな一面があったんや」と、
新しく気がつくことも多くて興味深かったです。
では……。
まずは僕をノビノビ育ててくれた、
父の敏（さとし）さんからです（笑）。

証言者1

杉本裕太郎の父 敏さん

裕太郎は待望の男の子でした。2人の姉がいますから、次は男の子をお願いしますと願っていたんです。もう……大変うれしかったですね。妻がよく頑張ってくれました（笑）。明るく元気な子になるように「裕」の文字をつけたいなと思っていました。石原裕次郎さんの「裕」のイメージですね。

私は、小学校のサッカー部でコーチをしているものですから、一度、グラウンドでの練習へ一緒に連れて行ったんですよね。1年生のときでした。あのとき、サッカー部の部員も少なくてね。5、6年生ばかりだったので、そこに入りにくかったんじゃないかなと。私は「とにかくスポーツをやってほしい」ということだけでした。野球でもサッカーでも、なんでもいいので運動をしてほしいなと。できれば、私もコーチをしていたものですから「サッカー」を選んでくれたら、一緒に行けるなという感覚でしたね。

ところがグラウンドに到着すると、何を恐れてか、車の中から降りてこんかったんですよ（笑）。自分の中で「違うな」というセンサーが働いたんでしょうね。とても良いことだと思います。


しばらくすると「野球がしたい」と言うようになりました。家族ぐるみでお付き合いをしていた4学年上の〝スギモトくん〟がいましてね。親戚ではないんですけど（笑）。そのスギモトくんに仲良くしてもらったのがきっかけで野球を始めましたね。そこで仲間ができて、高島くんと原くんと3人で徳島商高まで一緒でした。

私は「どうしてもサッカーをしてほしい」というこだわりはなかったんです。他の監督さんのところで「親以外の大人」と接してほしかったんです。サッカーに連れて行ったときは嫌がっていましたけれど、やっぱり、自分がその気になって選んだ野球は最後まで辞めませんでした。自分から進んで選んだのが良かったんですよね。

大学生になって帰省したときに「本場（アメリカ）を見ておいで」と言ったことを覚えています。私から「ぜひ見てきなさい」という感じでしたね。結局、上の姉と2人でシアトルに行きました。私は裕太郎に「上のステージ」を目指してもらいたかったんです。本場を見て、肌で感じてほしかった。あんまり、そういう機会もないと思うので。ターニングポイントになったらいいなと思っていました。

当時、イチローくん（シアトル・マリナーズ）を観に行ったんですよね。興奮していましたね。「きっかけ」になればと思っていたので、その通りになって良かったです。絶対にマイナスにはならないですからね。

私は、サッカー部のコーチをしていたので、あまり裕太郎には口出しをしてきませんでした。同じ場所で練習していたので、グラウンドの中では裕太郎のことをチラチラと見ていましたけどね（笑）。私は基本、見守る感じでした。妻が熱心でしたね（笑）。

ドラフト当日は……かなり待ちましたよね。さすがに最後のほうは「これは難しいかな……」と思っていたら、なんとか呼んでもらえました。社会人2年目でしたから、本当に最後のチャンスでしたよね。

長い期間、芽が出ることはなかったですけども、2021年は「ホームラン王」になってくれました。僕自身も〝予想外〟でしたね。あれだけホームランを打てるとは思ってなかったです。長打力はあるけど、三振もあるじゃないですか（笑）。荒削りで波もあった。だから、ビックリしましたね。何かを掴んだのは間違いないですからね。

日本シリーズなどの大舞台でも活躍してくれました。裕太郎はいつも

「ちょっと無理かな……」というときに活躍するんです。運も持っている。親バカかもしれませんけど、そういうのは感じていましたね（笑）。いまは、とにかくケガをしないように。1年間レギュラーでやってほしいなと思っています。

「ラオウ」というニックネームは……いまのところはOKかなと思っています（笑）。だけど、もう33歳ですから。少しずつ「スタイル」を変えていかないとダメな時期に来てると思いますね。勢いだけでは、プロの世界で生き残っていけませんから。できるだけ長いことプロ野球生活を送ってほしいですね。パッと活躍していなくなるというのも寂しい話なので。

僕は敏（さとし）で、中嶋監督は聡（さとし）。〝育ての親〟が一緒の名前という縁も、裕太郎にはあると思います。まだまだ頑張れ、裕太郎！

証言者2

幼少期からの親友
高島佑さん（たかゆー）

野球を始める前から存在を知っていました。小学校1年生のときにクラスが一緒だったんです。「背が高いな」という印象でした。当時から体格は「めちゃくちゃ大きくて細い」感じでした。僕が野球を始めたのが2年生だったんですけど、ちょっと目つきも悪いので怖かったです（笑）。怖い印象のまま1年が過ぎていたんですけど、実際に野球を一緒に始めたら「見かけによらず、優しい子やな」という感じで。少しビビりながら話し掛けても、すごく気さくに話してくれる子でした。

2人とも投手でしたけれど、全然「バチバチ」ではなかったですね。ラオウのほうが背も高いですし、良いボールを投げているなとずっと思っていました。だから、僕の目線で考えると「1人で投げずに彼も投げてくれる」ので、安心でしたね。2人でピッチャーとショートを交互で守っていました。

僕は元々「上投げ」だったんですけど、背の高いラオウが上から良いボールを投げるので、当時の監督から「お前は下から投げろ」と〝アンダースロー転向〟を言い渡されました。だから僕は〝ラオウのせい〟でアンダースローになったんです（笑）。あの当時は、めちゃくちゃ珍しいタイプでした。正直に「なんで俺が下から投げなあかんの？」って思っていましたね（笑）。でも、心強かったです。1イニングずつピッチャーとショートで交代する試合もありました。

いつも力を合わせて、という考え方でした。だから、争いごとはなかったですね。高校を卒業するまでずっと一緒にいましたけど、喧嘩をしたことがないです。いまでも、徳島に帰ってくるときは絶対に集まっていますね。23

年の年末も僕の家に泊まってくれました（笑）。居心地は良いです。波長が合うというか……そんな感じです。

高校時代の「洗濯機バトル」も覚えていますね。とりあえず、グラウンド練習が終わると、みんなで歩いて帰るんですけど、誰かが走り出したら、みんな走るんですよ（笑）。それに、洗濯が終わっていないのに〝勝手〟に電源を切ったりしている人もいましたね。脱水ができてなかったです（笑）。

ドラフト当日は「不思議な気持ち」でした。「指名されるかもしれない」という情報は聞いていたので、ドラフトは最後までずっと見ていました。でも、全然指名されなくて「厳しいのかな……」と。そしたら……ほんまに最後の最後で呼ばれて、大騒ぎでした。もちろん、うれしかったんですけど「ほんまにプロに行くんや……」という感覚でしたね。本当に昔から一緒にいるので、いまも実感がありません。「ほんまにプロ野球選手なん？」という感じです（笑）。年末年始に地元へ戻ってきたときも、周りのみんなが騒いでいますけど、変な感じがします。頼まれることはありますけど、僕はサインを1枚も持ってないんですよね（笑）。

23年に京セラドームへ応援に行ったときは、本当にビックリしました。ヒーローインタビューで、僕の名前を出してくれたんです。まさか……となって焦っていました。一塁側の観客席で見ていたんですけど、周りにいたお客さんが「お前が高島か！」みたいになっていました（笑）。ラオウは昔から悪気がない。いつも自然体で、何を言っても許されるような感じです。だから、周りに友達が集まるんです。それに、ちょっとね、いじられキャラですね。引っ張っていくタイプではないと思います。

またホームラン王を獲ってほしいですね。そんなに簡単なことではないと思いますけど、信じて応援しています。あと、これだけは言わせてください。本当に、昔はめちゃくちゃ細かったんですよ。「ラオウ」が似合わないくらい。もう……ユニフォームもダボダボで。〝進化〟している裕太郎を、皆さんどうぞよろしくお願いします。

証言者3

ラオ福コンビ 福田周平選手

あの……。ラオウは〝弱そう〟に見えて、別に全然弱くないですよ、正直。「かまってちゃん」だから、そう見えるんです。本人は無意識に「かまってほしい態度」を取ったりしていますね。顔つきとか雰囲気とかね。悩んでいる感じに見せるけど「何か話してほしい」だけだと思いますよ（笑）。周りが思っているほど、落ち込んでないです。

初対面の印象は……うーん、優しかったですね。いまほど「トゲトゲ」していなかったのでね。彼の良いところは「悩んでいるように見えて全然、悩んでない」ところですね。「調子が悪い」みたいな感じになっても打つ。普通に結果を残したりする。だから、僕から見たら、そこまで心配することではないなと思っています。

直してほしいところはありません。全くないです。あのまま行ったほうがいい。いまのままで全然良いです。彼は本当は強いと思う。弱い感じに見せているけど「強いよ」って言っていますよ、僕は彼にね。

証言者4

ベンチでお隣 宗佑磨選手

めっちゃ目立ちたがり屋です（笑）。自分のことに精一杯な人（笑）。だけど、ちゃんと声を掛けてくれる。そこは偉いと思います。

いつからか、ベンチで隣同士なんですけど「今年は声を掛け合っていこうな！」って約束しても、結局どっちも自分のことに精一杯になって、全然、喋らない（笑）。シーズン途中で「俺らもっと喋っていこって言ったやん！」となって「マジで喋りましょ！」ってなっても、結局、喋らないまま（笑）。24年こそベンチでいっぱい喋りましょうね！

証言者
5

青学大&オリックスで同僚

吉田正尚選手（現ボストン・レッドソックス）

2歳差なんですけど、大学でもプロの世界でも同じチームになって「縁」を感じている先輩ですね。オリックスの頃はベンチに「前後」で座っていたんですけど、よく相手投手の特徴を聞いてきていました（笑）。三、四番を任されることが多くて、ネクストバッターズサークルで僕をよく応援してくれていました（笑）。「頼むぞ！　打ってくれよ」とかですね。大学時代から何も変わっていない「裕太郎さん」です。

出版おめでとうございます。どんどん拳を突き上げてください。

証言者6

香水を勝手に使われても怒らない

T—岡田選手

入団してきた頃の印象は全く覚えてないですね（笑）。2017年オフに、沖縄の自主トレに連れて行ったんです。そのときから絡み出しましたね。僕とラオウと西野真弘と武田健吾（現三菱重工East）のメンバーでした。あの頃と比べると、すごく体も大きくなりましたね。

一軍でブレークして、試合に出られるようになってから「失敗することの怖さ」を覚えてきたと思います。これからは「どれだけ強くなれるか、切り替えられるか」ですね。あのデカさで、中身は可愛いですからね（笑）。

勝手に僕の香水を使って、その日に2人がお立ち台へ呼ばれた試合がありました。あいつ、絶対に「勝手に使っても怒られへんやろ」と思っていたでしょうね（笑）。「Tさん、今日ちょっと香水貸して〜」みたいなノリでした。そしたら、サヨナラヒットを打って、お立ち台に2人で上がった。そこからやめられなくなったんですよね。ゲン担ぎになって。でも、あいつ、僕と同じ香水を使っていたんですよね？　よくわかんないです（笑）。

僕の年間ホームラン数（33本）を超えたら「タメ口」を使っていいと約束していました。実は超えてほしかったです。陰ながら応援していました。まだ全然チャンスがあると思います。ゆくゆくは超えてほしいですね。

あとは、いつもロッカーで周平、宗との3人の絡みがもう「小学校低学年くらい」のノリなんですよ（笑）。ちょっとラオウが凹んでいたら「またそんなこと言ってんの?」って周平が言うんです。ラオウのほうが1歳上なのに……（笑）。そんな感じですかね。

証言者7
覚醒を見てきた同級生
山田修義投手

ラオウは結構、子どもな感じが抜けてないですね。デッカイ子どもです（笑）。選手会長っぽくもないですし、紙（カンペ）を見て話すのもどうにかしてほしいです（笑）。でも、キャラクターはあのままが良いんじゃないですかね。

年間に何回か悩んでいます。よく見かけます。状態が良いときは良いですけど、落ち込んだら結構ガァッと落ちるタイプですね。

ラオウが覚醒したのは、満塁ホームランを2発、打ってからじゃないですかね？　そこから掴んでいけるのはすごいですよね。ホームラン王も獲得しましたし、いまでは人気者ですから。ただ、仕切るタイプではない。同級生のタイスケ（近藤大亮）と2人で、その場を盛り上げてくれる感じです。あまり1人ではいないですね。基本、裕太郎は誰かと一緒です（笑）。

最初、入団した頃は全然使っていなかったんですけど、ここ最近ずっと「黄色のグッズ」ばかり付けています。最初はそんなイメージがなかったのに。黄色に染まり出してから、成績が伸びたんじゃないかなと思いますね。

証言者8

陰でメンタルを整えてくれる 山足達也選手

三振したとき、いつも泣きそうな顔をしてベンチに戻ってきますね。みんなからロッカーで「お前がそんな顔をして帰ってくんな！」と言われても何も変わらない。その試合で2個目の三振をしても、やっぱり変わらない。あれは直らないですね（笑）。僕が知っているラオウはそうです。

でも、頑張ろうとはしているんですよ（笑）。ただ、それは無理。頑張らないほうが良い。あのままでいてほしいです。ベンチでもロッカーでも、泣きそうな顔をしているので、作戦を考えてイジりますね。僕のイジり方はルーキーを使います。ラオウが空振り三振でベンチに帰ってきたら「いまの『ナイススイングだった』って言ってこい！」って伝えて、新人に言ってもらいます。あんまり話したことなさそうな選手には「三振前のファウルめっちゃ良い感じでした！」と言ってもらいますね。

とりあえず、笑いを与えます。そうでもしないと、彼は立ち直れない。「ラオウさん、当たっていたらホームランですね！」とか「次ありますよ！」と伝えて、気持ちを明るくしてもらいますね。必死なんですよ、こっちも（笑）。

ラオウが打たなきゃ勝てんし。周りは必死なんです。

証言者9
落ち込んだらご飯に連れて行ってくれる
平野佳寿投手

入団直後は正直、全然知らなかったです。ぼちぼち仲良くなりましたね。僕がオリックスにいた（16、17年の）2年間は全然、接点がなくて。彼、まだ二軍だったたし。ただ、良いものを持っているなとは思っていました。線も細かったんですけど、僕がアメリカから帰ってきたらすごく頼もしくなっていました。

体もすごく大きくなっていたので、自分で頑張って成長していったんだなと思いますね。応援したくなる選手ですよね。運の要素もあるかもしれませんけど、彼はいまのポジションを「実力」で掴んだと思います。ドラフト指名も最後のほうですけど、自分を見失わず、ずっと練習をしている。だから、彼の実力ですよ。ここまで人気者になれているのも。僕ができることは、落ち込んでいたらご飯に連れて行くことくらいですかね（笑）。

証言者10
自主トレをともに行う
山岡泰輔投手

僕たちから見ても、ラオウさんは子どもですよ（笑）。それ以外の言葉では表現が難しいですね。よく打撃のことについても聞かれます。僕は聞かれたことに対して、しっかりと答えますね。投手目線から「こっちのほうが良いんじゃない？」って感じで。それだけです。それ以上は何も言いません。

落ち込んでいる姿も見かけますけど、このままのほうが良いですよ。変にポジティブになろうとか、そういうことは何も考えずで良いです。僕は一緒にいて全然、苦じゃないですね。楽しい人ですから。

証言者 11

宮城大弥投手

歳は離れていても食事会に誘ってもらう

ラオウさんは、明るい感じに見えて、すごくネガティブ思考ですよね（笑）。最近は後輩と食事に行きたがっていますけど、全然、自分からは声を掛けていない感じですね。「まだ距離感がある」と悔やんでいます。「後輩と食事に行きたい」とずっと言っています（笑）。

「西野会」は西野さんに誘っていただいているので、主体はラオウさんではないですね。いつも参加メンバーにラオウさんがいますけど（笑）。野球の面では、常に練習しているイメージがあります。すごく熱心な方です。

証言者12

紅林弘太郎選手
中身は「ＪＫ」と断言

見た目は体がゴツくて「ラオウ」ですけど、中身は「ＪＫ」です（笑）。ご飯を食べに行っても、だいたい女々しいことを言ってます。先輩ですけど、すごいネガティブで可愛らしいです（笑）。意外と弱々しいところがありますね。

でも、ベンチでは常に明るいですね。僕はめっちゃ人見知りなので、打ち解ける能力が高いラオウさんのことが「すげーな」と思います。

証言者
13

社会人↓プロの夢を見せてくれた

阿部翔太投手

ラオウさんは、調子が悪いときは結構な確率で静かになりますね。見ていてわかるくらいに（笑）。でも、そこが良いところですよ。すごい選手なのにカッコつけないですから。タイスケ（近藤大亮）さんと2人でカラオケに行っていましたね。ストレス発散していたみたいです。体は大きいですけど〝気にしぃ〟なんで（笑）。

僕が社会人4年目のとき、ラオウさんがオリックスのファームにいて、対戦したことがあります。僕が入団するまで二軍にいた選手なので、そこからの活躍がシンプルにすごいなと思います。ドラフト指名の順位も低いですし、希望にあふれている。夢があるなと思わせてくれる選手ですね。

最初はもっと「ゴリゴリのオラオラ」だと思っていました。でも、実際はめちゃくちゃ寂しがり屋ですね。絶対、誰かとご飯に行っています。絶えず、誰かといますね（笑）。

証言者14
ラオウ会に積極参加
渡部遼人選手

ラオウさんは、とにかく優しい先輩です。

優しいからこそ、後輩の僕たちに気をつかってくださる。そういうところを僕は感じたので、積極的に声を掛けさせてもらってます（笑）。話し掛けると絶対に楽しくしてくださる先輩ですね。チームに入団して最初の印象は、ちょっとだけ怖かったんですけど、いろんな方と笑顔でお話をされている姿を見て、だんだんわかってきました。本当に裏表が全くない方なんだなと。

普段の行動は「ＪＫ」に似ていますね（笑）。どんな場面でも写真を絶対に撮ります。美味しいご飯の写真や、みんなでの記念撮影も大好きです。発言も可愛いですよね。24年の年明けは自主トレも一緒にさせていただいて、距離が近くなった気がします。

23年末の契約更改の会見に関する記事で、ラオウさんがみんなと「ラオウ会」をしていきたいというのを見て「これは参加した方が良い！」と思って、さらに積極的に仲良くさせてもらっています（笑）。

証言者15

二軍で奮闘中も寄り添ってくれた 辻竜太郎コーチ

すごく気持ちが優しくて、本当に良い子ですよね。とても素直。気持ちの面をフォローしながら練習に取り組んでいましたけど、そこは関係ないです。本人の頑張りが報われているわけですから。彼は1回もソッポを向かなかったのでね。自分が「上手な選手じゃない」ということを本当にわかっているんです。

僕も現役時代はドラフト8巡目だったわけですから「ドラフト10位でも、頑張ろうよ！」という声を掛けてきました。僕の役割は「モチベーションを上げること」しかないですよ。後ろからお尻を叩いて「いけるぞ」「ええぞ」ってね（笑）。素材はすごく良いのでね。

だから、絶対に下を向かないように工夫しています。それでもグングン下を向きますけどね（笑）。だけど、それが良いところなんですよ。練習に素直に取り組みますから。下を向いているときは、こっちが頑張る番。長いこと付き合っていたら、わかってきますよ。

証言者16

二軍時代に金言をくれた 由田慎太郎コーチ

当時、僕はスカウトだったんですけど、彼が入団する頃から知っていて、コーチになったタイミングで話す機会があったんです。悶々としている感じがしました。「気持ちが切れる前に……」ということは思いましたね。技術を教えられる立場ではなかったので、どうやってモチベーションを上げてもらおうかなと考えました。

僕の伝えた言葉は「他球団の編成も、いつも見ているから」です。正直、頑張ってもらう〝きっかけ〟はなんでも良かったんです。本人が気持ちを切ってしまったら「おしまい」なので。僕もプロ野球生活で、一軍でチャンスをもらったタイミングがありました。でも、自分で納得がいかないままファームに落ちたときに「腐った」んですよね。あとで振り返ったときに、すごくもったいなかった。

あそこで我慢できなかったのが……という気持ちが自分の中にありました。プロ選手はみんな、自分で気持ちを作っていくしかないのでね。単純に「同じ失敗」をしてほしくなかったんです。入団してきた以上は十分可能性がある選手たちなので。本人が「助かった」と言ってくれているのは、本当にうれしいことですよね。

証言者17

送迎担当も率先
後藤駿太選手（現中日ドラゴンズ）

僕はあんまり覚えていなかったんですけど、確かにプレゼントした銀色のネックレスがありました。僕がつけていたのに「めっちゃええやん！」って何回も言うので「託すわ！」と言って渡しました。僕がネックレスを渡したから活躍したと、いまでも思っていますよ（笑）。

ものすごく親しくしてもらいましたけど、意外に最初は全然仲良くなかったです。僕は先輩にガツガツいけるタイプじゃないので……。少し距離はありましたね。もっと怖い人だと思っていたので、最初は（笑）。

懐かしいなと思うことは、遠征の移動で「送迎係」を僕がしていたことですね。新幹線や飛行機移動のとき、車で行くと何日も置きっぱなしになるので、福田周平、ラオウさんの順番で僕が迎えに行っていました（笑）。当時は家が近かったので、僕が車で「乗って行けよ～！」と言ったことからスタートしました。

マジで楽しかったですね。役割分担がちゃんとありました。僕が送迎係で、ラオウさんがご飯をごちそうしてくれる係。周平と僕はスタバやお菓子を買ったりして「奢り合う」のがモチベーションでした（笑）。サプライズで何かを用意していたら「お前、すご！」って褒めてくれるのもうれしかったです。周平は絶対やらないんですけどね（笑）。

仲良くなったきっかけは二軍生活です。当時、ラオウさんはずっと二軍にいました。でも、ずっと頑張っていた。苦しい時期をラオウさんと一緒に過ごせて良かったです。

ラオウさんはあのキャラだから、活躍すればすごく注目されます。でも、もう1回ここで〝山場〟が来るはずだから、もう1回ホームラン王のタイトルを獲ってほしい。超練習する人なので、新戦力に押されずに頑張ってほしいです。僕は「昇天ポーズ」を見るのが大好きなので、ガンガン突き上げてほしいですね。

証言者18

素直すぎる後輩が可愛い
安達了一 選手兼任内野守備・走塁コーチ

初対面の頃は、マジで話したことがないですね（笑）。いつからですかね……。最初はパワーのある選手が入ってきたな～というくらいの印象でした。

先輩に甘え上手ですよね（笑）。絶対にラオウから誘ってきます。でも、それが助かるんです。積極的に「ご飯に連れて行ってください！」って感じなので、おお、行こうか！ と自然になりますね。自分はそっちの方がうれしいですし、そういうところも可愛いなと思います。

本当に性格が素直すぎるので、打てなくて落ち込んでいるときも、明るいときもわかりやすいです。2021年シーズンには32本のアーチを放って、ホームラン王のタイトルも獲得しましたし、そういう実績もあるので、これからもチームをどんどん引っ張ってほしいなと思います。

証言者19

金の卵を発掘 柳川浩二 元スカウト

アマチュア時代、ずっと見てきた選手だったので最後に指名をお願いしました。ドラフト10位でしたが、僕は「杉本選手が将来的に楽しみです」と球団に進言しましたね。当日、最後に推したい選手はいないか？　と聞かれたので、杉本を推しました。「右の長距離砲」は、なかなかいないので。当時は欠点もありましたけど「遠くに飛ばせる能力」はすごいものがあったんです。肩も強くて、足も結構速かった。遅そうに見えて、案外速いんです。

杉本との約束は「ドラフトは1位だろうと10位だろうと関係ないから、頑張ってやれよ」ということです。もう、プロの世界に入ったら「横一線」ですから。ファームで頑張っている姿を中嶋監督に見ていただいたっていうのは、やっぱり大きな〝分岐点〟だったんじゃないかなと思いますね。

活躍してもいままで通り。性格は変わってないですね。目配り、気配りができるっていうんですかね。後輩の選手にもね、うまい具合に。自分からどんどん声を掛けていくようなタイプではないんですけどね。本当にケガなくフルシーズンを通してやってくれたら、自ずと結果が出るかなと僕は思っています。

▲柳川浩二スカウトとの１枚

©ORIX Buffaloes

第9章

ラオウのロマン

金のネックレス

僕には、大切な金色のネックレスがあります。

ラオウというキャラクターに寄せるためにつけているわけではありません。金色のネックレスは「義理のお母さんの形見」なんです。この話は、妻と妻のお父さん以外の誰にもしたことがありません。２０２０年1月13日、妻のお母さんが亡くなったタイミングで僕に〝託された〟ネックレスなんです。

お母さんが亡くなってから、いろいろと遺品整理をしていたみたいで、妻のお父さんが「昔（母が）つけとったネックレスが出てきたんよ」と見せてくれました。僕がすぐに「僕がつけてもいいですか？」と言ったものですから、みんながビックリしていたのを覚えています。そして、形見としてお預かりすることになりました。

お母さんは旅行が大好きだったみたいです。いろんなところに行くのが生きがいだったと。そう聞いて「僕が金色のネックレスをつけてプレーすれば、お母さんをいろんな場所に連れて行くことができる」と考えました。プロ野球の世界は遠征も多いですし、優勝すればハワイ旅行もある。本当にいろんなところに連れて行くことができるな……と思ったんです。だから「お母さんは元気になったら北海道に行きたいって言っていた」と泣いていた妻に「俺がつけて、お母さんをいろんなところに連れてってくるわ！　お母さんと北海道まで行ってくるわ！」と言ったんです。そのネックレスをお預かりして、初めてのオープン戦が不思議と北海道だったんです。お母さんも、妻の思いも背負って……。20年からは、涼しかった首元が一気に重たくなりました。

その言葉を聞いて、妻も僕を信用してくれたみたいで、僕に金色のネックレスをくれることになりました。だから、金色が好きでつけているとかではないんです。お母さんをいろんな場所に連れて行けるかなと思ったのがきっかけです。

実は、妻が……。ネックレスの話をするなら「このタイミングにしてほしい」と言ってきたことも伝えさせていただきますね（笑）。

プロ入り直後も、何度かネックレスをつけていましたけど、少し軽い素材のものを装着していました。トレーナーさんから「ちょっと重いものを首につけたほうが、お腹に力が入って良いポジションで構えられる」と聞いていたからです。安物のネックレスを、わざといっぱいつけたりしていたんですけど、どうしても安物は素材が軽かったんです。もちろん、重いネックレスを探していたんですけど、当時、金を買えるお金を持っているわけでもありませんでした。

ちなみに、シルバーのネックレスも同時につけていましたけど、こっちは全く関係ありません。いつだったか忘れてしまいましたけど、（後藤）駿太に「ちょうだい」と言ったら、すぐにくれただけです（笑）。駿太がつけているネックレスを見て「それカッコいいな、欲しい！」と言ったら「あ、いいよ～」と言ってくれただけなんです（笑）。

お母さんから預かった金色のネックレスをつけてから、僕は一軍に定着することができました。不思議な力が働いていると思います。妻の家族が京セラドームへ試合観戦に来てくれたタイミングで満塁ホームランを打つことができ、お母さんに〝良いところ〟を見せられて良かったなと思います。お母さんは、僕が妻の実家に行ったタイミングで、美味しいご飯を作ってくれて待ってくださっていました。本当に良いお母さんでした。

20年の1月、癌で亡くなったんです。毎年、年末年始は妻の実家で過ごして年越しを迎えるので、亡くなる直前の12月末、お母さんの顔を見ていました。会ったのは12月30日だったと覚えています。妻の実家にカニが届くようにしていたので。

その直前、オフの野球教室イベントで鳥取に行く機会がありました。タイスケ（近藤大亮選手）とノブ（山田修義選手）と「同学年の3人で行こう！」となって、夜は鳥取の知り合いの方がカニをご馳走してくれることになりました。美味しいカニも食べられて、いままで来たことのない鳥取にも来れて最高や！　という雰囲気になっていたんです。帰り際、野球教室のお礼としてカニを送ってくださることになりました。年末は自宅にいないので、家族みんなで食べられるように、妻の実家に送ってもらったんです。

届いたカニを家族で美味しく頂きました。あのとき、お母さんは癌でほとんど寝たきりの状態でした。だけど、カニを食べてくれて「美味しい、美味しい」と言ってくれていました。聞けば、カニが好きだったみたいで「一緒に食べられて良かった」という思い出があります。お母さん、金色のネックレス、本当にありがとう。

ファンサービス

最近、ファンの方がたくさん来てくださっていて、本当にうれしいですね。京セラドームにも、ほっともっと神戸にも、ビジターの球場やキャンプ地にも応援に来てくださっています。いまはサインを書き始めると「ユニバのアトラクション」くらい、行列ができます（笑）。僕はプロ入りから最初の5年くらいは一軍の試合に出ていなくて、道を歩いても、誰も話し掛けてくれなかった時期もありました。

ずっと二軍生活でしたし、サインを求められることも、他の選手と比べたら少なかったです。同じタイミングで一軍の選手がいたら、ファンはペンと色紙を持ってスター選手のほうに走って行っていました。素直に「良いなぁ……」と思っていました。もし、自分がそういう存在になれたら、ちゃんとサインをしようと。喜んでもらえるように動こうと考えていましたね。だから、サインを書いたり、ファンの方と写真を撮ったりすることに喜びを感じています。僕は全然、苦だと思いません。むしろ、自分にサインをもらいに来てくれるって、本当に幸せなことですから。そんな……ね。なかなか言ってもらえないですよ「サインください！」なんて。プロアスリートになれて、活躍が認められ始めたからこその言葉ですからね。普通に生きていたら、その瞬間は来なかったかもしれないです。だから、うれしいですよ。練習の途中だったら困りますけど（笑）。タイミングさえ合えば、僕は心から喜びます。

こんな僕でも、新人の頃からずっと練習を見てくださっているファンもいます。まだ活躍なんて何もしていない1年目、2年目くらいのときから〝追っかけ〟をしてくださっています。神戸のサブ球場で、応援してくれてたファンの方の顔は、いまでも覚えてますすよと伝えたいです。最初から応援してくださっている方は、少ないですけど。でも、僕は覚えていますよ。本当にありがたいですよね。

ファンの皆さんからは、いつもたくさん差し入れを頂いています。本当にありがとうございます。ありがたく受け取らせてもらっているスタバのカードは、毎回、遠征の度に使わせてもらっています。皆さんから、元気をもらっています！

僕がファンの方々を大切にしたい理由は、もう1つあります。タイちゃん（山岡泰輔選手）と「AAA」のライブを観に行ったとき「宇野ちゃん（宇野実彩子）」が目の前で、自分に向かって手を振ってくれました。そのとき、目が合ってドキッとしたんです。ファンサービスの大切さを教えてもらった瞬間でした。あれは完全に僕のほうを向いてくれていましたね（笑）。ファン目線でライブに行っているわけですから。お客さんの気持ちがわかりました。

やっと言えたお礼

23年12月下旬、ようやく「お礼」を伝えることができました。「ラオウ」の〝生みの親〟である、原作者の武論尊さんとお食事をさせていただきました。念願の対面でした。会った瞬間に「勝手に『ラオウ』という名前を使っていて、すみません」と〝謝罪〟しました（笑）。そして「北斗の拳のおかげです、ありがとうございます！」と伝えました。ずっと勝手に「ラオウ」を名乗っていたので……。いや、名乗ってもないです。みんながラオウと呼んでくれているだけです。僕はラオウの名言を刻んだプロテインのシェイカーを持っていただけです。「北斗の拳が好きです」って言っただけで「ラオウと呼んでください」とは一言も喋ってないんでね（笑）。

お食事をさせてもらったタイミングでオリジナルTシャツや、サイン色紙を持ってきてくださったので、僕も「ラオウ」とコラボさせてもらったグッズを〝京セラドームのショップ〟で購入してきました（笑）。そのグッズをお渡しして「プレゼント交換」をしました。最初、武論尊さんが僕を知ったとき「年俸1400万円でラオウはないだろう」と思ったそうです（笑）。

僕はラオウとニックネームをつけてもらってから「もっとオラオラしたり、イキったりしていたほうがいいのかな」とも思っていましたけど、そんなことは僕には無理でした。演じることが全くできなかったんです（笑）。みんながラオウって呼んでくれるだけでいいか、キャラクターには寄せなくても……と思うようになりました。

一時期は「登録名をラオウにしないんですか？」という話もありましたけど、そのときも「ラオウに申し訳ない」と思っていました。登録名を「ラオウ」にしたら、ホームランを毎年120発ぐらいは放り込まないといけないわけですから（笑）。自分でラオウを名乗ってしまうと「何がラオウやねん！」となる可能性も十分に考えられる。それに、自分の名前を忘れられるのも嫌なので（笑）。「あいつの名前、ほんまは何やったっけ？」とならないように頑張ります。

偶然なんですけど、僕の家は〝ラオウファミリー〟でもあります。徳島在住の甥っ子は「ケンシロウ」と言います（笑）。お姉ちゃんの子どもです。小学生になりました。年末年始に徳島に帰省したとき「一緒に遊ぼう！」と誘ってくれますね。テレビゲームのマリオカートで戦いますよ（笑）。僕は重量系のドンキーコングやクッパを選ぶことが多いですね。

僕がラオウを好きになった理由は「自信満々」なところと「強気」なところ、そして「男らしい」ところです。何回考えても自分にはないところですね（笑）。男として「カッコいいな」と思えるのが、ラオウの良いところ。あと、筋肉もムキムキ。見た目もめちゃくちゃカッコいい。そこも含めて男らしいなと思っています。

悔しい会話のネタ

ムキムキで言うと、最近、よく食事の場で「大谷翔平くんと対戦したことある？」と聞かれます。僕には1つ〝ネタ〟があって、彼の「日本最後のマウンド」で、見事にゲッツーを打ってしまっているので、その話題で盛り上がることができます。本当は打ちたかったですけど……気がついたらアウトを2つ奪われていました（笑）。相手投手が大谷くんだからこそ、笑い話にできるんですよね。ちょっとしたネタになってくれて良かったです。

17年10月4日、大谷くんがメジャーに行く前、最後の札幌ドームでした。3点を追う9回一死一、二塁。チャンスで武田健吾の代打で起用された僕は初球の158キロを打って、セカンドゴロゲッツーに……。「はい、終わり～！」みたいな感じでしたね。本当に日本で最後の1球だったと思います。

ちょっとだけ落ち込みましたね。まだ一軍に全然定着できていなかったときの代打だったので、ヒットを打っていればアピールになった打席ですから。僕は落ち込んでしまうと〝戻ってくる〟のに結構時間がかかるほうです。すぐ修正できる選手が羨ましいです。正尚とかはダメだったときの修正がすごく上手なんです。だから、成績も安定している。僕はダメだったら、ダメな期間が長い。引きずりまくるんでね（笑）。いまだったら中嶋監督がスパッと二軍に落としてくれて、「次、行けるようになるまでやってこい」と言ってくれます。そこで二軍のコーチと話をしたり、若手の選手に刺激をもらったり……なんとか頑張れています。

状態が良くないなと感じるときは、食事や買い物で野球から離れるようにしていることが多いですね。自分がダメなときにたくさん練習をしてしまうと、打撃フォームが訳のわからないことになってしまう。体を休めて、ケアを長めにしてもらったり、サウナに行ったり。きれいサッパリ忘れてしまうほうがいいと思っています。

シーズンオフと2月の春季キャンプの時期だけ、ゴルフもします。シーズンが始まってからは一度も行きませんね。調子が良いときは320〜330ヤード飛ばせますけど、基本は〝刻んで〟いきます。かっ飛ばしてもOBが一番面白くないので。見ているほうは何の魅力もないと思いますけど（笑）。僕の性格がわかる競技ですね。

息抜きの娯楽

2月の宮崎キャンプでの〝密かな〟楽しみはガチャガチャです。楽しいですよね。それに、みんな知っている選手が当たるので、僕にとっては当たりしかないんですよね。キーホルダーや缶バッチをリュックに付けてJKみたいになっています（笑）。毎回、練習終わりに2回チャレンジするんですけど、なかなか自分が当たりません。数が均等ではなくて、活躍している選手のほうが多く入っているんじゃないかな？と思ってしまいます（笑）。自分が出ると大当たり。超ラッキーって感じですね。

あとは……練習や試合で使っている「マイタオル」にも、こだわりがありますね。僕が持っているタオルは派手なものが多いんです。はっきりとした色が好きなので。派手なタオルばかり使っているので、日々のチョイスは悩みますね。もちろん洗濯をしていますけど、もし毎日同じタオルを使っていたら「あいつ同じタオルを毎日使っている」と思われちゃうので（笑）。球団ＳＮＳのライブ配信中に、持っているタオルを広げたりしていたら、ファンの方からも「派手なタオルが好きなんだ」と認知してもらえるようになって、プレゼントをもらえるようになりました。「今日のタオルは……これです！」と遊び心で見せびらかしたんです。そうしたら……ファンの方が、もう数え切れないほどのタオルをプレゼントしてくださって。影響力が本当にハンパないです。僕は黄色が大好きなので、そう公言していたら「くまのプーさん」とか「ピカチュウ」とかの黄色のタオルを大量にプレゼントしてもらって、舞洲のロッカーが大変えらいことになっていました（笑）。ガチでタオル屋さんができるくらいです。〝うれしい悲鳴〟とはこういうことなのかと実感しました。

黄色が大好きになった僕ですけど、プロ入り当初は赤色や紺色を好んでいました。なぜか21年くらいから、ある日突然「黄色がカッコいいな」って思ったんです。そこからは買い物に行っても、黄色ばかりが目に入るようになって……。身の回りのものをすべて黄色に揃えるようになりました。直感ですね。それまでは全然、好きじゃなかったんですけど。黄色に関しては「プーさんが好き」ってことくらいでしたね（笑）。

ファンの方から「取材でのコメントが面白い」と言われたことがあります。僕としては、普通に……その試合であったことを話しているだけです（笑）。ただ「打てて良かったです」とか「来たボールを振りました」とかは面白くないですね。友人と食事に行ったときに話すのは、「野球のことを言っても面白くない」ということです。

プロ野球って「娯楽」なので〝エンターテイナー〟になる必要があるんじゃないかなと。野球以外の部分で楽しんでもらわないと。例えばメディアなどに出させてもらうときでも「魅力がある」と思われなかったら寂しいです。僕は自分へのインタビューで自分の話ばっかりすることも、あまり好きではありません。見ている方たちも全然楽しくないと思うんですよね。だから、いつも〝誰か〟をわざと巻き込むようにしています（笑）。僕のキャラクターで、真面目に話をしていて「誰が面白い？」「誰が笑うの？」と考える日はありますね。

悔いなき人生

さて、２０２４年シーズンが始まりました。24年もたくさんの新しいメンバーがチームに加わりましたけど、良い雰囲気でできていると思います。僕の仲間は「リスペクトできる人たち」なので、良い刺激になります。競争は激しいですけど「自分も野球がもっとうまくなるチャンス」だと捉えて、みんなで切磋琢磨していけたらと思います。そうすれば、全体のレベルも上がって強くなるんじゃないかなと。

23年は日本一で迎えた宮崎キャンプでした。24年は（23年の）日本シリーズ最終戦で負けて、悔しい思いをして迎えたキャンプです。あの悔しかった思いはいまでもあります。リーグ優勝しても、日本一になれなかったら、あまり勝った気がしない。その悔しさを持っていますね。

だからこそ「4連覇&日本一奪還」がチームの目標です。そして……自分の目標は「もう1回ホームラン王を獲りたい」です。キャリアハイの32本より打つことを目指します。もう33歳なので、若くはないです。ケガをしないように、ガンガン行けるときに行きたいです。毎年、ラストチャンスだと思っています。

我が生涯に一片の悔いがないように——。

構成担当のあとがき

トボトボと帰路に着く仙台の夜、横断歩道を待つ「ラオウさん」に遭遇した。オリックスが「大逆転優勝」を決めた２０２２年10月2日（3日）の未明、ニコニコの笑顔でコンビニの袋を持ち、堂々と胸を張って前から歩いてきた。そのとき、すべてを〝描き切った〟直後の僕は「人生究極の2択」に迫られていた。

「ラオウさん……ちょっとだけ話を聞いてください！」

思わず呼び止めた。当時、出会って2年半ほど。悩みを聞いたことは何度かあったが、自分の「迷い」を打ち明けるのは初めてだった。「僕、新しい道に進もうと思うんですけど……どう思われますか?」。緩んでいた表情を一瞬で引き締め、さっと返事をくれた。

「悩み事は、2つ目を選べよ。後から出てきた選択肢のほうが『自分の本心』やと思う。そうじゃないと、そもそも悩まんから」。優しさに、胸を打たれた。「何回も考えたんやろ? 自分と真面目に向き合えてるんやから、チャンスやと思う。良いやん、ずっと俺らのこと見ててくれたら」。歓喜の夜、夢中になれることをあきらめきれず「職を変えよう」と迷っていた僕の〝唐突な〟人生相談に付き合ってくれるほど、ラオウさんは優しい人だった。ビールかけを終えた直後、路上で15分ほど。信号の色が変わるのを何度も見送り、お互いの近状報告。「まだまだ喜べへんわ。日本シリーズで絶対に活躍したい」。ときに弱気な「勇者」が突き進む姿を見て、ようやく「決心」ができた。

ラオウさんとの出会いは20年の宮崎春季キャンプ。新型コロナウイルスが日本にやってくる数日前だった。兄貴肌の伏見寅威選手（現日本ハム）に誘ってもらった食事会に、吉田正尚選手と一緒に来てくれた。そのときに抱いた印象は「全然、怖くないやん……」だった。球場で見る「ラオウ」は体も大きく、話し掛けても言葉数が少ないイメージだったからだ。

食事の最後、記念撮影をすることになった。僕は「シャッター、押しますよ！」と提案した。すると、ラオウさんは間髪入れずに「ええやん、4人で撮ろうや！　仲間やん」と言ってくれた。帰り際には「俺、全然まだ取材慣れしてへんから、よろしく頼むで！」とグータッチ。その夜に掲載していたインスタグラムのストーリーには「4人」が写っていた。何もしていないのに、認めてもらった気がした。

確かに、出会った頃はブレーク〝寸前〟だった。言葉が悪いのは承知の上で書かせてもらうと「終わり」がうっすらと見えていたかもしれない。20年8月21日、「運命の瞬間」が訪れる。二軍監督だった中嶋聡監督が一軍監督代行に「昇格」するということで、僕は朝から大阪・舞洲に向かった。到着すると、ラオウさんが野球道具を運んでいた。心のどこかで〝ラストチャンス〟を悟っていた。

21年になると〝大ブレーク〟を果たした。オールスターにも初選出され〝有言実行〟のホームランも描いた。当時はコロナ禍。試合後、画面越しのオンライン取材を受けたラオウさんは〝少年〟のようだった。代表者として〝淡々〟と質問する僕に「いやぁ～、マジで打てて良かった……」と砕けた口調で話し始めた。途中でチーム広報から「この通話、みんな一斉に聞いているよ？」とツッコミを受けたラオウさんは「マジっすか？　早く言えよ～！」と嘆いていた。

普段は明るいキャラクターだが、落ち込むと「ドン底」のような表情も見せる。22年の春先、ピンと伸びていた背中が丸まっていた。打率が背番号99に並んでしまった試合後、京セラドームの地下駐車場に現れたラオウさんは、いつになく下を向いていた。周囲が「お疲れ様でした」と声を掛けるのをためらうくらい、どんよりしていた。

そのまま「スルー」してもよかったのだが、僕は思わず、大きな声で呼び止めた。

「ラオウさん、元気出してくださいよ！　見ていて辛いですよ。野球、楽しいって言っていましたよね？『俺には元気しかない！』ってずっと言っていたじゃないですか！」

一瞬で目が合うと「ちょっと来い」と肩を掴まれた。正直、殴られると思った。愛車の前までグングン進み、誰も見ていないことを確認したラオウさんは「ありがとう……」と声を震わせていた。「そんなこと言ってくれるの、お前くらいやで。いまは全然あかんけど、ほんまに、ほんまに頑張るわ」。そのとき、浮かべた涙は、絶対に流したくなかった。我慢した。でも、僕は家に帰ると堪えきれなかった。〝他人〟のことなのに「あんなに頑張っているのに……」と、苦しさを察してワンワン泣いた。

だからこそ、全力疾走を怠らないプレースタイルが輝いて見える。「俺はあきらめたら終わりやろ。何回も挫折してきたんやから」。23年は選手会長として、リーグ3連覇に導いた。22年の「少しだけしょんぼり」していたビールかけから、一気に「主役」へと躍り出た。会場では「ラオウ」のコスチューム姿で音頭を取り、裏方スタッフさんらにも〝美酒〟を浴びせていた。微笑ましい光景を見届けていると、ビールでビショビショになったラオウさんがやってきた。「ほんまにありがとうな！　一緒に写真撮ろう！」。大切な1枚が、また増えた。

この本の話が決まったときは「お前しかおらんやろ！」と言って託してくれた。24年1月中旬、自主トレ先である沖縄に向かった。練習終わりに「打ち合わせ」をするはずだったが「みんなで北谷に行こうと思うねんけど、一緒に行く？」とドライブが始まった。結局、その日は「深い話」が聞けずだったのだが、翌日に時間を取ってくれた。「体、思いっきり焼きたいねんけど、海に行かへん？」。レンタカーを走らせ、途中のスーパーで「サンオイル」を購入。サングラス、サンダル、汗を拭うタオル……。すべてを準備して〝青空打ち合わせ〟に臨んだ。

空も海も透き通った場所で、服を脱いでパンツになった。雲の切れ間から顔を出す太陽と〝にらめっこ〟しながら、隣に寝転んで他愛もない話で盛り上がる。「次は背中やな！」。深い話をするために来た砂浜で、2人は爆睡をかました。帰り道、落ちる夕日に目線をやりながら、ようやく真剣に向き合った。

出版は、ラオウさんの1つの夢でもあった。深く寄り添い、構成・執筆という形で携われたことに感謝したい。徳島のご両親、ご家族、親友の「たかゆー」さん。さまざまな調整や〝証言〟にもご協力いただいたオリックス・バファローズ関係者の皆さま、ありがとうございました。そして、出版に踏み切ってくださったベースボール・マガジン社の皆さま、編集担当の松井進作さん、急ピッチでの制作となりましたが、本当にありがとうございました。出版制作の協力に背中を押してくれたＦｕｌｌ－Ｃｏｕｎｔ編集部にも感謝を伝えたいです。

ラオウさん、僕はあなたほど恵まれている人に出会ったことがありません。こんなにもみんなから愛されているのは、いつも周りを気遣うラオウさんだからだと思います。約束です。これからもずっと、拳を突き上げまくってください。何回も泣かせてください。

あなたは決して弱くなんかありません。みんなに優しいだけ。
本当に強い人なんです。

真柴健

杉本裕太郎

（すぎもと・ゆうたろう）

1991年4月5日生まれ。徳島県出身。190cm104kg。右投右打。徳島商高、青学大からJR西日本を経て2015年秋に行われたドラフトでオリックス・バファローズに10位で指名されてプロの世界へ。入団してからの4年間は一軍に定着できずにいたが、中嶋聡二軍監督が一軍監督代行を務めた20年途中から一軍出場を増やすと、翌21年に32本塁打を放って初のホームラン王のタイトルを獲得。打率も3割をマークし、25年ぶりの優勝の大きな戦力となった。日本一に輝いた22年も日本シリーズでMVPを獲得。23年からは選手会長にも就任。周囲やファンからは「ラオウ」の愛称で親しまれ、ホームランを放った後の「昇天ポーズ」も定番となった。

構成

真柴健

（ましば・けん）

1994年8月25日生まれ。大阪府出身。幼少期から京セラドーム大阪はもちろん、北神戸あじさいスタジアムなどにファーム観戦にも通うなど、大のオリックスファン。京都産業大学では、プレー経験のないラグビーに熱中した。卒業後の2017年に日刊スポーツ新聞社へ入社。3年間の阪神担当を経て、20年からオリックス担当に。担当3年間で最下位、リーグ優勝、悲願の日本一を見届け、新聞記者を卒業。23年からはFull-Count編集部へ。ボストン・レッドソックスで活躍する吉田正尚選手の書籍『ROAD to the TOP 頂への冒険』の構成も担当。オリックス情報満載のX（Twitter）アカウントは@MashibaKen。

僕《ぼく》がラオウになる日《ひ》まで

ドラフト10位《い》からの逆襲人生《ぎゃくしゅうじんせい》

2024年4月5日　第１版第１刷発行

著　　者／杉本裕太郎《すぎもとゆうたろう》
編　　集／ベースボール・マガジン社
発 行 人／池田哲雄
発 行 所／株式会社ベースボール・マガジン社
〒103-8482
東京都中央区日本橋浜町2-61-9 TIE浜町ビル
電話　03-5643-3930（販売部）
　　　03-5643-3885（出版部）
振替口座　00180-6-46620
https://www.bbm-japan.com/

印刷・製本／共同印刷株式会社

©Yutaro Sugimoto 2024
Printed in Japan
ISBN 978-4-583-11663-1　C0075

*定価はカバーに表示してあります。

*本書の文章、写真、図版の無断転載を禁じます。

*本書を無断で複製する行為（コピー、スキャン、デジタルデータ化など）は、私的使用のための複製など著作権法上の限られた例外を除き、禁じられています。業務上使用する目的で上記行為を行うことは、使用範囲が内部に限られる場合であっても私的使用には該当せず、違法です。また、私的使用に該当する場合であっても、代行業者などの第三者に依頼して上記行為を行うことは違法となります。

*落丁・乱丁が万が一ございましたら、お取り替えいたします。